सीता की खोज में

विवेक कुमार पांडे शंभुनाथ

ISBN 979-888591846-6

क्रम-सूची

प्रस्तावना

इस किताब में कैसे वानर सेना सीता माता की खोज एवम रक्षा करते यह संक्षेप में लिखा गया है .। इस किताब को लिखने के दौरान कोई भी धर्म और कोई भी जाती एवम किसी भी परिवार के सदस्य को नुकसान नहीं पहुंचा या गया है और इस किताब को लिखा है श्री विवेक कुमार पांडे शंभुनाथ जी ने.।

भूमिका

मेरा नाम विवेक कुमार पांडे है और मैं एक लेखक हु , मैं गुजरात के सुरत में निवास करता हूं.मेरा जन्म ३० सेप्टेंबर को २००२ में हुआ था, और मुझे बचपन से एक्टर बनने का सोख रहा है और अभी भी है.। मैं कभी ये नहीं सोचता की लोग क्या कर रहे हैं मैं ये सोचता हूं कि मैं क्या कर रहा हूं, मैं आज सफल हूं तो अपने पापा की वजह से आज वो रहते तो उन्हें बहुत खुशी होती , वो सदा और हमेशा मेरे साथ रहेंगे.।

1
रावण को सूचना

- रावण को सूचना

खर-दूषण का वध हो जाने पर खर के एक अकम्पन नामक सैनिक ने, जिसने किसी प्रकार से भागकर अपने प्राण बचा लिये थे, लंका में जाकर रावण को खर की सेना के नष्ट हो जाने की सूचना दी। रावण के समक्ष जाकर वह हाथ जोड़ कर बोला, "हे लंकेश! दण्डकारण्य स्थित आपके जनस्थान में रहने वाले आपके भाई खर और दूषण तथा उनके चौदह सहस्त्र सैनिकों का वध हो चुका है। किसी प्रकार से अपने प्राण बचाकर मैं आपको सूचना देने के लिये आया हूँ।"

यह सुन कर रावण को भारी क्रोध आया। उन्होंने कहा, "कौन है जिसने मेरे भाइयों का सेना सहित वध किया है? मैं अभी उसे नष्ट कर दूँगा। तुम मुझे पूरा वृत्तान्त बताओ।"

अकम्पन ने कहा, "हे लंकापति! अयोध्या के राजकुमार राम ने अपने पराक्रम से अकेले ही सभी राक्षस वीरों को मृत्यु के घाट उतार दिया।"

इस समाचार को सुनकर रावण को आश्चर्य हुआ और उसने पूछा, "खर को मारने के लिये क्या देवताओं ने राम की सहायता की है?"

अकम्पन ने उत्तर दिया, "नहीं प्रभो! देवताओं से राम को किसी प्रकार की सहायता नहीं मिली है, ऐसा उसने अकेले ही किया है। वास्तव में राम तेजस्वी, शक्तिवान और युद्धविद्या में पारंगत योद्धा है। खर जैसे रणबाँकुरे, जिसकी एक गर्जना से सारे देवता काँप जाते थे, को उनकी शक्तिशाली सेना सहित उसने खेल ही खेल में समाप्त कर दिया। उसका रणकौशल देख कर मुझे प्रतीत होता है कि आप अपनी सम्पूर्ण सेना के साथ युद्ध करके भी उसे परास्त नहीं कर सकेंगे। मेरे विचार से उस पर विजय पाने का एक ही उपाय है। उसके साथ उसकी अत्यन्त रूपवती, लावण्यमयी और सुकुमारी पत्नी भी है। राम उससे बहुत प्रेम करता है। वह अपनी पत्नी के बिना एक पल भी नहीं रह सकता। मेरा विश्वास है, यदि आप किसी प्रकार

उसका अपहरण कर के ले आयें तो राम उसके वियोग में स्वयं ही मर जायेगा।"

लंकेश रावण को अकम्पन का यह प्रस्ताव सर्वथा उचित प्रतीत हुआ। तत्काल ही वह अपने दिव्य रथ पर सवार हो आकाश मार्ग से उड़ता हुआ अपने परम मित्र मारीच के पास पहुँचा। बिना किसी पूर्व सूचना के रावण को अपने सम्मुख पाकर मारीच बोले, "हे लंकापति! आज अचानक ही आपके यहाँ आने का क्या कारण है? आपकी इतनी हड़बड़ी देखकर मेरे मन में नाना प्रकार की शंकाएँ उठ रही हैं। लंका में सब कुशल तो है?"

रावण ने कहा, "मैं एक विशेष कारण से ही यहाँ आया हूँ। अयोध्या के राजकुमार राम ने मेरे भाई खर और दूषण को उनकी सेना सहित मार डाला है। अब मैं चाहता हूँ कि राम की पत्नी का अपहरण कर लूँ और इसके लिये मुझे तुम्हारी सहायता की आवश्यकता है। सीता के वियोग में राम बिना युद्ध किये ही तड़प-तड़प कर मर जायेगा और मेरा प्रतिशोध पूरा हो जायेगा।"

रावण के वचनों को सुन कर मारीच बोला, "हे लंकापति! तुम्हारा यह विचार सर्वथा अनुचित है। जिस किसी ने भी तुम्हें सीता को हरने का सुझाव दिया है वह वास्तव में तुम्हारा मित्र नहीं शत्रु है। राम अत्यन्त बलशाली और पराक्रमी है और तुम उससे किसी प्रकार भी जीत सकते। राम के होते हुये तुम उससे सीता को नहीं छीन सकते। उसके अद्भुत पराक्रम के सम्मुख तुम एक क्षण भी नहीं टिक सकोगे। तुम्हारा हित इसी में है कि तुम इस विचार को भूलकर कर चुपचाप लंका में जा कर बैठ जाओ।"

2

रावण को शूर्पणखा का धिक्कार

- **रावण को शूर्पणखा का धिक्कार**

रावण के मारीच के पास से लंका लौट आने के कुछ काल पश्चात् ही शूर्पणखा उसके पास आ पहुँची। उस समय रावण अपने मन्त्रियों से घिरा हुआ था। स्वर्ण-सिंहासन पर आरूढ़ रावण वैसे ही शोभा पा रहा था जैसे सोने के ईंटों से निर्मित यज्ञवेदी में घी के द्वारा प्रज्वलित अग्नि। समरभूमि में साक्षात् यमराज की भाँति दिखाई पड़ने वाले रावण ने देवता, गन्धर्व आदि सभी को जीत लिया था। राजोचित लक्षणों से सम्पन्न रावण ने वैदूर्यमणि (नीलम) तथा तपाये हुए सोने से निर्मित आभूषणों से अलंकृत हो रहा था। उसके अंगों पर विष्णु के चक्र तथा देवताओं के विविध आयुधों के अनेक प्रहार हुए थे किन्तु इन प्रहारों के बाद भी उसका कोई भी अंग खण्डित नहीं हुआ था। वह रावण पर्वतशिखरों को तोड़कर फेंक देने वाला, देवताओं को रौंद डालने वाला, धर्म को जड़ से काट देने वाला, दूसरों की भार्याओं के सतीत्व का नाश करने वाला, यज्ञों में विघ्न डालने वाला तथा दिव्यास्त्रों का प्रयोग करने वाला था। उसने समुद्रों तथा पर्वतों पर विजय प्राप्त किया था, नागराज वासुकि को परास्त किया था, तक्षक की प्रिय पत्नी का हरण किया था, कुबेर पर विजय प्राप्त कर उससे पुष्पक विमान छीना था। इन्द्रादि समस्त देवता उससे भयभीत रहते थे, वायु देवता उस पर पंखा डुलाते थे, वरुण उसके यहाँ पानी भरता था और वह मृत्यु को भी परास्त करने की सामर्थ्य रखता था। उसने दस हजार वर्षों त घोर तपस्या करके तथा ब्रह्मा जी को अपने मस्तकों की बलि दे कर देवता, दानव, गन्धर्व, पिशाच, पक्षी और सर्पों से संग्राम में अभय प्राप्त कर लिया था। मनुष्य के सिवा अन्य किसी से भी उसे मृत्यु का भय नहीं रह गया था।

शूर्पणखा राम के द्वारा तिरस्कृत होकर अत्यन्त दुःखी हो रही थी। उसने रावण के पास आ कर क्रोध से फुँफकारते हुए कहा, "धिक्कार है तुम्हारे पराक्रम पर और तुम्हारे इन मन्त्रियों पर। तुम अपनी विलासिता में डूबे हुये हो। तुम सब तो सुरा और सुन्दरियों में व्यस्त रहते हो। हे नीतिवान रावण! क्या अब मुझे तुमको यह भी बताना पड़ेगा कि समय पर उचित कार्य न करने वाले और अपने देश की रक्षा के प्रति असावधान रहने वाले राजा के राज्य के नष्ट हो जाने में क्षणमात्र भी देर नहीं लगती। तुम्हें ज्ञात होना चाहिये कि वृक्ष से गिरे हुये पत्ते और राज्य से च्युत राजा का कोई मूल्य नहीं होता। प्रजा उसी राजा की पूजा करती है जो स्थूल आँखों से सोता है किन्तु नीति की आँखों से जागता है, जिसका क्रोध प्रलयंकर और प्रसन्नता सुखदायिनी है। जिस राजा के गुप्तचर सक्रिय और सतर्क नहीं रहते वह राज्य करने योग्य नहीं होता। तुम्हारे गुप्तचर तो मूर्ख, अयोग्य और आलसी हैं। तुम्हारी बुद्धि दूषित है और मन्त्री भी सर्वथा अयोग्य हैं। उन्हें अभी तक यह पता नहीं कि उनके राज्य दण्डकारण्य में कितनी भयंकर घटना घट चुकी है। मेरे वीर भ्राताओं खर-दूषण का चौदह सहस्त्र राक्षसों सहित संहार हो चुका है। जो ऋषि-मुनि कल तुम्हारे नाम से थर-थर काँपते थे वे आज सिर उठा कर निर्भय हो घूम रहे हैं। तुम तो राम द्वारा किये गये भीषण हत्याकाण्ड से अभी तक अपरिचित हो।"

शूर्पणखा के कटु वचनों से कुपित होकर रावण बोला, "शूर्पणखे! मुझे बताओ कि राम कौन है? उसका बल और पराक्रम कितना है? दुष्कर दण्डकवन में में उसने किसलिये प्रवेश किया है? उसके पास ऐसा कौन सा अस्त्र है जिससे उसने खर, दूषण और त्रिशिरा का सेना सहित संहार कर दिया? उसने तुझ जैसी सुन्दर अंगों वाली को क्यों कुरूप बना दिया?"

रावण के प्रश्नों का उत्तर देते हुए शूर्पणखा ने कहा, "हे भाई! महाबली राम अयोध्या नरेश दशरथ के पुत्र हैं। वे अत्यन्त निपुण धनुर्धारी हैं। वे अकेले और पैदल थे तो भी उन्होंने मात्र डेढ़ मुहूर्त (तीन घड़ी) में समस्त राक्षसों का संहार कर डाला। मैंने राम के बाणों की वर्षा से राक्षसों को मरते हुए तो देखा किन्तु यह नहीं देख पाई कि कब राम ने धनुष खींचा और कब बाण छोड़ा। स्त्री होने के कारण राम ने मेरा वध नहीं किया और केवल अपमानित करके छोड़ दिया। राम के समान ही पराक्रमी उसका भाई लक्ष्मण और अत्यन्त सुन्दरी उसकी पत्नी सीता भी उसके साथ है। इस भूतल पर मैंने आज तक सीता के समान रूपवती अन्य कोई स्त्री नहीं देखा है। जब मैं सीता को तुम्हारी भार्या बनाने के लिये लाने के लिये उद्यत हुई तो लक्ष्मण ने मुझे कुरूप बना दिया। सीता तुम्हारी ही भार्या बनने योग्य है अतः तुम उसे शीघ्रातिशीघ्र हर लाओ।"

शूर्पणखा का कथन सुनने तथा अपने मन्त्रियों से विचार विमर्ष करने के पश्चात् रावण ने सीता को हर लाने का निश्चय कर लिया। तत्काल उसने अपना रथ तैयार करवाया और उस पर सवार हो अपने मित्र मारीच के पास पहुँच गया।

मारीच ने रावण का समुचित सत्कार करके पूछा, "राजन्! लंका में सब कुशल तो है ना? आप इतनी जल्दी पुनः कैसे लौट आये?"

रावण बोला, "हे मारीच! क्रूर और मूर्ख राम ने अपने बल का आश्रय लेकर मेरे भाई खर और दूषण सेनासहित त्रिशिरा का वध कर दिया है। उसने मेरी बहन शूर्पणखा को भी कुरूप बना दिया है। तुम मेरे मित्र हो। मित्र ही संकट के समय मित्र की सहायता करता है। मैं जानता हूँ कि मेरे मित्रों और शुभचिन्तकों में तुमसे बढ़ कर बलवान, नीतिवान और मुझसे सच्चा स्नेह करने वाला और कोई नहीं है। अतः हे मारीच! मैं चाहता हूँ कि तुम रजत बिन्दुओं वाला स्वर्णमृग बन कर राम के आश्रम के सामने जाओ। तुम्हें देख कर सीता अवश्य राम-लक्ष्मण को तुम्हें पकड़ने के लिये भेजेगी। उन दोनों के चले जाने पर मैं अकेली सीता का अपहरण कर के ले जाऊँगा। राम को सीता का वियोग असह्य होगा और विरह की उस अवस्था में राम को मार डालना मेरे लिये कठिन नहीं होगा।"

रावण के वचन सुनकर मारीच बोला, "हे लंकापति! जैसे कि मैं मैं पहले भी कह चुका हूँ कि ऐसा करना तुम्हारे लिये उचित नहीं होगा। यह कार्य तुम्हारे जीवन के लिये काल बन जायेगा। आश्चर्य की बात है कि वेद-शास्त्रों के ज्ञाता होते हुये भी तुम परस्त्री हरण जैसा भयंकर पाप करने जा रहे हो। तुम्हें ज्ञात होना चाहिये कि राम के क्रोध से तुम बच नहीं सकोगे।"

मारीच के इस उत्तर से क्रुद्ध हो हाथ में खड़्ग ले कर रावण बोला, "मारीच! मैं तुझे अपना मित्र समझ कर तेरे पास आया था। तेरा अनर्गल प्रलाप सुनने के लिये नहीं। तेरी कायरतापूर्ण युक्तियों को सुन कर मैं अपना विचार नहीं बदल सकता। सीता का हरण मैं अवश्य ही करूँगा और तू मेरे आज्ञा का पालन भी करेगा। यदि तू मेरी आज्ञा मान कर मेरे इस कार्य में सहायता नहीं करेगा तो राम-लक्ष्मण से पहले मैं तेरा वध करूँगा।"

रावण के क्रोध से भयभीत होकर मारीच ने अपनी सहमति दे दी। उसकी सहमति से प्रसन्न हो कर रावण बोला, "अब सिद्ध हो गया कि तू मेरा परम मित्र है।"

रावण उसे ले कर दण्डक वन में पहुँच राम के आश्रम की खोज करने लगा। जब आश्रम मिल गया तो मारीच ने रावण के निर्देशानुसार मृग का रूप धारण किया और आश्रम के निकट विचरण करने लगा। इस अद्भुत स्वर्णिम मृग की शोभा देख कर सीता आश्चर्यचकित रह गई और विस्मित हो कर उसके पास पहुँची। मायावी मारीच ने अपनी मृग-सुलभ क्रीड़ाओं से सीता का मन मुग्ध कर लिया।

3

स्वर्णमृग

- स्वर्णमृग

सीता की इच्छा इस अद्भुत मृग को पकड़ कर आश्रम में रखने की हुई। अतः वे राम को पुकारते हुए बोलीं, "हे आर्यपुत्र! आप और लक्ष्मण शीघ्र आइये। देखिये, कितना सुन्दर और अद्भुत स्वर्णमृग यहाँ विचरण कर रहा है।"

उस माया मृग को देख कर लक्ष्मण को सन्देह हुआ और उन्होंने राम से कहा, "तात! मुझे ऐसा प्रतीत होता है कि हमें छलने के लिये इस मृग के रूप में स्वेच्छारूपधारी मारीच ही आया है। हे जगत्पति! इस भूतल पर कहीं भी ऐसा विचित्र रत्नमय मृग नहीं है, अतः निःसन्देह यह माया ही है।"

लक्ष्मण को बीच में ही रोकते हुए सीता राम से बोली, "हे नाथ! यह मृग अत्यन्त सुन्दर है, इसने मेरे मन को मोह लिया है। आप अवश्य ही इसे पकड़ कर लाइये। जब हम वनवास समाप्त कर के अयोध्या लौटेंगे तो यह हमारे प्रासाद की शोभा बढ़ायेगा। यदि यह जीवित न पकड़ा जा सके तो इसे मार कर मृगछाला ही ले आइये। मैं उस पर आपके साथ बैठना चाहती हूँ।"

सीता के आग्रह को देख कर राम लक्ष्मण से बोले, "हे लक्ष्मण! निःसन्देह इस मृग का रूप अत्यंत मनोहर एवं आकर्षक है। यदि यह पकड़ा नहीं भी गया तो मारा तो अवश्य ही जायेगा। इसमें भी सन्देह नहीं है कि इसकी मृगछाला मनोहारी होगी। सीता का आग्रह पूर्ण करने के लिये इसे अवश्य ही पकड़ना चाहिये। तुम्हारी शंका के अनुसार यदि यह राक्षसी माया है तो भी इस राक्षस को मारना उचित ही होगा। तुम सीता की रक्षा करो। मैं इसे जीवित पकड़ने या मारने के लिये जाता हूँ।"

इतना कह कर राम अपने शस्त्रास्त्र धारण कर मायावी मृग के पीछे चल पड़े। राम को अपनी ओर आता देख मृग भी उछलता कूदता गहन वन के भीतर चला गया। वह विविध

वृक्षों, झाड़ियों के बीच कभी छिपता और कभी प्रकट होता कभी धीमी तो कभी द्रुत गति से भागने लगा। उसका पीछा करते-करते रामचन्द्र आश्रम से बहुत दूर निकल गये। अन्ततः मृग के दृष्टिगत होते ही क्रुद्ध हो कर राम ने एक तीक्ष्ण बाण छोड़ा जो मारीच के हृदय तक पहुँच गया। बाण लगते ही मारीच अपने असली वेश में धराशायी हो गया और राम के स्वर में 'हा सीते! हा लक्ष्मण! चीत्कार करते हुए मर गया।

उस राक्षस के मृत शरीर को तथा उसका अपने स्वर में चीत्कार करना देख कर राम को लक्ष्मण का कथन स्मरण हो आया। वास्तव में यह मारीच की माया ही निकली। उन्हें चिन्ता होने लगी कि मेरे स्वर में किये गये चीत्कार को सुन कर सीता की क्या दशा होगी। उन्हे किसी अनिष्ट की आशंका होने लगी और वे द्रुत गति से आश्रम की ओर लौट पड़े।

इधर जब सीता ने अपने पति के स्वर में 'हा सीते! हा लक्ष्मण!' सुना तो उन्होंने व्याकुल हो कर लक्ष्मण से कहा, "हे लक्ष्मण! प्रतीत होता है कि तुम्हारे भैया अवश्य ही किसी संकट में पड़ गये हैं। तुम शीघ्र जा कर उनकी सहायता करो। उनके दुःख भरे शब्द सुनकर मेरा हृदय चिन्ता से बहुत घबरा रहा है।"

आशंका से आतुर सीता के वचन सुन कर लक्ष्मण बोले, "हे आर्ये! इस प्रकार मैं आप को अकेला छोड़ कर नहीं जा सकता। भैया ने आपकी रक्षा का भार मुझे सौंपा है। आप धैर्य धारण करें, भैया अभी आते ही होंगे।"

दुःखी हो कर सीता बोलीं, "लक्ष्मण! ऐसा प्रतीत होता है कि तुम भाई के रूप में उनके शत्रु हो। इसीलिये उनके ऐसे आर्त स्वर सुन कर भी उनकी सहायता के लिये नहीं जाना चाहते। जब उनको ही कुछ हो गया तो मेरी रक्षा से क्या लाभ?"

इस प्रकार कहते हुये उनके नेत्रों से अश्रुधारा बहने लगी। सीता की यह दशा देख कर लक्ष्मण हाथ जोड़ कर बोले, "देवि! आप व्यर्थ दुःखी न हों। संसार में ऐसा कोई भी देवता, दानव, मनुष्य, गन्धर्व नहीं है जो भैया के पराक्रम का सामना कर सके। मायावी राक्षस नाना प्रकार के रूप धारण करते हैं और विविध प्रकार की बोलियाँ बोलते हैं, अतः आपको चिन्ता करने की आवश्यकता नहीं है। आप तनिक प्रतीक्षा करें, वे आते ही होंगे।"

लक्ष्मण के तर्कयुक्त वचनों ने सीता के क्रोध को और बढ़ा दिया। वे बोलीं, "लक्ष्मण! मैं तुम्हारे मनोभावों को भली-भाँति समझ रही हूँ। तुम राम के न रहने पर मुझे पा लेने की लालसा लेकर ही वन में चले आये हो। मैं तुम्हारी दुष्ट इच्छा को कभी पूरा नहीं होने दूँगी। राम के वियोग में मैं अपने प्राण त्याग दूँगी।"

सीता के ये वचन सुन कर लक्ष्मण का हृदय विदीर्ण हो उठा। वे बोले, "देवि! मैं आपकी बातों का कोई उत्तर नहीं दे सकता। स्त्रियों के द्वारा ऐसी अनुचित और प्रतिकूल बातें मुँह से निकालना कोई आश्चर्य की बात नहीं है क्योंकि संसार में नारियों का ऐसा स्वभाव प्रायः देखा जाता है। आज आप की बुद्धि भ्रष्ट हो गई है जो अपने अग्रज की आज्ञा पालन करने वाले अनुज पर ऐसा दुष्टतापूर्ण लांछन लगा रही हैं। मुझे संशय हो रहा है कि आज आप पर अवश्य कोई संकट आने वाला है। वन के समस्त देवता आपकी रक्षा करें। वन के देवता इसके

साक्षी हैं कि मैं आपके द्वारा बलात् भेजा जा रहा हूँ।"

लक्ष्मण के वचन सुनकर सीता के नेत्रों से अश्रुधारा बहने लगे और लक्ष्मण उस ओर चल दिये जिधर राम गये थे।

4

सीता हरण

• सीता हरण

लक्ष्मण के जाने के पश्चात् रावण को अवसर मिल गया। वह ब्राह्मण भिक्षुक का वेष धारण कर रावण सीता के पास आया और बोला, "हे सुन्दरी! तुम कोई वन देवी हो या लक्ष्मी अथवा कामदेव की प्रिया स्वयं रति हो? इस पृथ्वी पर तो मैंने तुम्हारे जैसी रूपवती, लावण्यमयी युवती मैंने आज तक इस संसार में नहीं देखा है। तुम कौन हो? किसकी कन्या हो? और इस वन में किस लिये निवास कर रही हो? कहाँ यह तुम्हारा तीनों लोकों में सबसे सुन्दर रूप, तुम्हारी सुकुमारता और कहाँ इस दुर्गम वन में निवास? यह स्थान तो इच्छानुसार रूप धारण करनेवाले भयंकर राक्षसों का निवासस्थान है। तुम यहाँ से चली जाओ, तुम यहाँ रहने योग्य नहीं हो।"

सीता ने कहा, "हे ब्राह्मण! मेरा नाम सीता है। मैं मिथिलानरेश जनक की पुत्री और अयोध्यापति दशरथ के ज्येष्ठ पुत्र श्री रामचन्द्र की पत्नी हूँ। पिता की आज्ञा से मेरे पति अपने भाई भरत को अयोध्या का राज्य दे कर चौदह वर्ष के लिये वनवास कर रहे हैं। उन पराक्रमी सत्यपरायण वीर के साथ मेरे तेजस्वी देवर लक्ष्मण भी हैं। आप अतिथि हैं अतः इस आसन पर बैठ कर यह जल और फल ग्रहण कीजिये। मेरे पति अभी आते ही होंगे। अब आप बताइये महात्मन्! आप कौन हैं और यहाँ किस उद्देश्य से पधारे हैं?"

सीता का प्रश्न सुन कर रावण गरज कर बोला, "हे सीते! मैं तीनों लोकों, चौदह भुवनों का विजेता महाप्रतापी लंकापति रावण हूँ जिसके नाम से देवता, दानव, यक्ष, किन्नर, गन्धर्व, मुनि सभी भयभीत रहते हैं। इन्द्र, वरुण, कुबेर जैसे देवता जिसकी सेवा कर के अपने आप को धन्य समझते हैं। मैं तुम्हारे लावण्यमय सौन्दर्य को देख कर अपनी सुन्दर रानियों को भी भूल गया हूँ और मैं तुम्हें ले जा कर अपनी भार्या बनाना चाहता हूँ। हे मृगलोचने! तुम मेरे साथ चल कर नाना देशों से आई हुई मेरी अत्यन्त सुन्दर रानियों पर पटरानी बन कर शासन

करो। मेरी नगरी लंका की सुन्दरता को देख कर तुम इस वन के कष्टों को भूल जाओगी। इसलिये मेरे साथ चलने को तैयार हो जाओ।"

रावण का नीचतापूर्ण प्रस्ताव सुन कर सीता क्रुद्ध स्वर में बोली, "हे अधम राक्षस! तुम परम तेजस्वी, अद्भुत पराक्रमी और महान योद्धा रामचन्द्र के पराक्रम को नहीं जानते इसीलिये तुम मेरे सम्मुख यह कुत्सित प्रस्ताव रखने का दुःसाहस कर रहे हो। अरे मूर्ख! क्या तू वनराज सिंह के मुख में से उसके दाँत उखाड़ना चाहता है? तेरे सिर पर काल नाच रहा है इसीलिये तू यह घृणित प्रस्ताव ले कर यहाँ आया है। तेरी मृत्यु ही तुझे यहाँ ले कर आई है।"

सीता के ये अपमानजनक वाक्य सुन कर रावण के अत्यन्त कुपित हो गया। आँखें लाल करते हुये उसने कहा, "सीते! तू मेरे बल और प्रताप को नहीं जानती। मैं आकाश में खड़ा हो कर पृथ्वी को गेंद की भाँति उठा सकता हूँ। अथाह समुद्र को एक चुल्लू में भर कर पी सकता हूँ। मैं तुझे लेने के लिये आया हूँ और ले कर ही जाउँगा।"

यह कह कर रावण ने अपने ब्राह्मण वेश को त्याग कर विकराल रूप धारण कर लिया और दोनों हाथों से सीता को उठा कर अपने कंधे पर बिठा निकटवर्ती खड़े विमान पर जा सवार हुआ। इस प्रकार अप्रत्यशित रूप से पकड़े जाने पर सीता ने 'हा राम! हा राम!!' कहते हुये स्वयं को रावण के हाथों से छुड़ाने का प्रयास किया। परन्तु बलवान रावण के सामने उनकी एक न चली। उसने उन्हें बाँध कर विमान में एक ओर डाल दिया और तीव्र गति से लंका की ओर चल पड़ा। सीता निरन्तर विलाप किये जा रही थी, "हा राम! पापी रावण मुझे लिये जा रहा है। हे लक्ष्मण! तुम कहाँ हो? तुम्हारी बलवान भुजाएँ इस समय इस दुष्ट से मेरी रक्षा क्यों नहीं करतीं? हाय! आज कैकेयी की मनोकामना पूरी हुई।"

इस प्रकार विलाप करती हुई सीता ने मार्ग में खड़े जटायु को देखा। जटायु को देखते ही सीता चिल्लाई, "हे आर्य जटायु! देखो, लंका का यह दुष्ट राजा रावण मेरा अपहरण कर के लिये जा रहा है। इस नराधम से आप मेरी रक्षा करने में आप असमर्थ हैं क्योंकि यह बलवान है और अनेक युद्धों में विजय पाने के कारण इसका दुस्साहस बढ़ा हुआ है। आप रावण द्वारा मेरे हर लिये जाने का यह वृत्तान्त मेरे पति से तो अवश्य ही कह देना।"

5

जटायु वध

- **जटायु वध**

सीता की करुण पुकार सुन कर जटायु ने उस ओर देखा तथा रावण को सीता सहित विमान में जाते देख बोले, "अरे रावण! तू एक पर-स्त्री का अपहरण कर के ले जा रहा है। अरे लंकेश! यह महाप्रतापी श्री रामचन्द्र जी की भार्या है। एक राजा होकर तू ऐसा निन्दनीय कर्म कैसे कर रहा है? राजा का धर्म तो पर-स्त्री की रक्षा करना है। तू काम के वशीभूत हो कर अपना विवेक खो बैठा है। छोड़ दे राम की पत्नी को। हे रावण! मेरे समक्ष तू सीता को नहीं ले जा सकता। प्राण रहते तक मैं सीता की रक्षा करूँगा। ठहर! मैं अभी आता हूँ तुझसे युद्ध करने।"

जटायु के इन कठोर अपमानजनक शब्दों को सुन कर रावण उसकी ओर झपटा जो सीता को मुक्त कराने के लिये विमान की ओर तेजी से बढ़ रहा था। विशालाकार दो पर्वतों की भाँति वे एक दूसरे से टकराये। क्रुद्ध जटायु ने अपने पराक्रम से दो बार रावण के धनुष को तोड़ डाला, उसके रथ को तहस-नहस कर डाला और रावण के सारथि का वध कर डाला। उन्होंने मार-मार कर रावण को घायल कर दिया। घायल होने के बाद भी, रावण वृद्ध और दुर्बल जटायु से अधिक शक्तिशाली था। अवसर पा कर उसने जटायु की दोनों भुजायें काट दीं। पीड़ा से व्याकुल हो कर मूर्छित हो वह पृथ्वी पर गिर पड़ा।

जटायु को भूमि पर गिरते देख जानकी "हा राम! हा लक्ष्मण!!" कह कर विलाप करने लगीं। रावण ने सीता को उसके केश पकड़ कर उठा लिया और आकाशमार्ग से लंका की ओर उड़ने लगा। उस समय उन्नत भाल वाली, सुन्दर कृष्ण केशों वाली, गौरवर्णा, मृगनयनी जानकी का सुन्दर मुख रावण की गोद में पड़ा ऐसा प्रतीत हो रहा था जैसे पूर्णमासी का चन्द्रमा नीले बादलों को चीर कर चमक रहा हो। सीता का क्रन्दन सुन कर वन के सिंह, बाघ, मृग आदि रावण से कुपित हो कर उसके विमान के नीचे उसके पीछे पीछे दौड़ने लगे। पर्वतों से गिरते हुये जल-प्रपात ऐसे प्रतीत हो रहे थे मानों वे भी सीता के दुःख से दुःखी हो कर करुण

क्रन्दन करते हुये अश्रु बहा रहे हों। श्वेत बादल से आच्छादित सूर्य भी ऐसा प्रतीत हो रहा था जैसे अपनी कुलवधू की दुर्दशा देख कर उसका मुख श्रीहीन हो गया हो। सब सीता के दुःख से दुःखी हो रहे थे।

दुष्ट रावण से मुक्ति का कोई उपाय न देखकर सीता दीनतापूर्वक परमात्मा से प्रार्थना करने लगी, "हे परमपिता परमात्मा! हे प्रभो! मेरी रक्षा करो, रक्षा करो! हे सर्वशक्तिमान! इस समय मेरी रक्षा करने वाला तुम्हारे अतिरिक्त और कोई नहीं है। हे दयामय! मेरे सतीत्व की रक्षा करने वाले केवल तुम ही हो।"

मार्ग में सीता ने नीचे एक पर्वत पर पाँच वानरों को बैठे देखा। उनको देख कर सीता ने, यह सोचकर कि शायद ये राम को मेरा समाचार बता सकें, अपने सुनहरे रंग की रेशमी चादर में वस्त्र-आभूषण बाँधकर उसे उन वानरों के बीच गिरा दिया। तीव्र गति से उड़ने में व्यस्त रावण को सीता के इस कार्य का बोध नहीं हो पाया।

वनों, पर्वतों और सागर को पार करता हुआ रावण सीता सहित लंकापुरी में पहुँचा। वहाँ उसने सीता को मय दानव द्वारा निर्मित सुन्दर महल में रखा और क्रूर राक्षसियों को बुला कर आज्ञा दी, "मेरी आज्ञा के बिना कोई भी इस स्त्री से मिलने न पावे। यह जो भी वस्त्र, आभूषण, खाद्यपदार्थ माँगे, वह तत्काल इसे दिया जाय। इसे किसी भी प्रकार का कष्ट नहीं होना चाहिये और न कोई इसका तिरस्कार करे। अवज्ञा करने वालों को दण्ड मिलेगा।"

इस प्रकार राक्षसनियों को आदेश दे कर अपने महल में पहुँचा। वहाँ उसने अपने आठ शूरवीर सेनापतियों को बुला कर आज्ञा दी, "तुम लोग जा कर दण्डक वन में रहो। हमारे जनस्थान को राम लक्ष्मण नामक दो तपस्वियों ने उजाड़ दिया है। तुम वहाँ रह कर उनकी गतिविधियों पर दृष्टि रखो और उनकी सूचना मुझे यथाशीघ्र देते रहो। अवसर पा कर उन दोनों की हत्या कर डालो। मैं तुम्हारे पराक्रम से भली-भाँति परिचित हूँ इसीलिये उन्हें मारने का दायित्व तुम्हें सौंप रहा हूँ।"

उन्हें इस प्रकार आदेश दे कर वह कामी राक्षस वासना से पीड़ित हो कर सीता से मिलने के लिये चल पड़ा।

6

रावण-सीता संवाद

- रावण-सीता संवाद

दुःख से कातर और राम के वियोग में अश्रु बहाती हुई सीता के पास जा कर रावण बोला, "शोभने! अब उस राज्य से च्युत, दीन, तपस्वी राम के लिये अश्रु बहाना व्यर्थ है। राम में इतनी शक्ति कहाँ है कि यहाँ तक आने का मनोरथ भी कर सके। तू उसे विस्मृत कर दे। विशाललोचने! तू मुझे पति के रूप में अंगीकार ले। समुद्र से घिरे सौ योजन विस्तार वाले अपने इस राज्य को मैं तुझे अर्पित कर दूँगा। मैं, जो तीनों लोकों का स्वामी हूँ, तेरे चरणों का दास बन कर रहूँगा। मेरी समस्त सुन्दर रानियाँ तेरी दासी बन कर रहेंगी। समस्त देव, दानव, नर, किन्नर जो मेरे दास हैं, तेरे दास बन कर रहेंगे। तेरे पहले के दुष्कर्म तुझे वनवास का कष्ट देकर समाप्त हो चुके हैं और अब तेरा पुण्यकर्म ही शेष रह गया है। अब मेरे साथ यहाँ रह कर समस्त प्रकार के पुष्पहार, दिव्य गंध और श्रेष्ठ आभूषण आदि का सेवन कर! सुमुखि! तेरा यह कमल के समान सुन्दर, निर्मल और मनोहर मुख शोक से पीड़ित होकर शोभाहीन हो गया है, मुझे स्वीकार करके उसे पुनः शोभायमान कर। धर्म और लोकलाज का भय निर्मूल है, यह सब मात्र तेरे मिथ्या विचार हैं। किसी सुन्दरी का युद्ध में हरण कर के उसके साथ विवाह करना भी तो वैदिक रीति का ही एक अंग है। इसलिये तू निःशंक हो कर मेरी बन जा। मैं तेरे इन कोमल चरणों पर अपने ये दसों मस्तक रख रहा हूँ, मुझ पर शीघ्र कृपा कर।"

रावण के इन वचनों को सुन कर शोक से कष्ट पाती हुई वैदेही, अपने और रावण के बीच में तिनके का ओट करके, बोली, "हे नराधम! परम पराक्रमी, धर्मपरायण एवं सत्यप्रतिज्ञ दशरथनन्दन श्री रामचन्द्र जी ही मेरे पति हैं। मैं उनके अतिरिक्त किसी अन्य की ओर दृष्टि तक भी नहीं कर सकती। यदि तूने मुझे बलपूर्वक मेरा अपहरण किया होता तो अपने

भाई खर की तरह जनस्थान के युद्धस्थल पर ही मारा गया होता किन्तु तू कायरों की तरह मुझे चुरा लाया है। तेरे इस अनर्गल प्रलाप से ऐसा प्रतीत होता है कि अब लंका सहित तेरे विनाश का समय आ गया है। तू इस भ्रम में मत रह कि यदि देवता और राक्षस तेरा कुछ नहीं बिगाड़ सके तो राम भी तुझे नहीं मार सकेंगे। उनके हाथों से ही तेरी मृत्यु निश्चित है। अब तेरा जीवनकाल समाप्तप्राय हो चुका है। तेरे तेज, बल और बुद्धि तो पहले ही नष्ट हो चुके हैं। और जिसकी बुद्धि नष्ट हो चुकी होती है, उसका विनाश-काल दूर नहीं होता। अरे राक्षसाधम! तू महापापी है इसलिये मेरा स्पर्श नहीं कर सकता। तूने कभी सोचा भी है कि कमलों में विहार करने वाली हंसिनी क्या कभी कुक्कुट के साथ रह सकती है? तू मेरे इस संज्ञाशून्य जड़ शरीर को बाँध कर रख ले या काट डाल पर मैं कलंक देने वाला कोई भी निन्दनीय कार्य नहीं कर सकती।"

सीता के कठोर एवं अपमानजनक वाक्य सुन कर रावण कुपित हो कर बोला, "हे मनोहर हास्य वाली भामिनी! मैं तुझे बारह माह का समय देता हूँ। यदि एक वर्ष के अन्दर तू स्वेच्छापूर्वक मेरे पास नहीं आई तो मैं तेरे टुकड़े-टुकड़े कर दूँगा।"

फिर वह राक्षसनियों से बोला, "तुम इसे यहाँ से अशोक वाटिका में ले जा कर रखो और जितना भय और कष्ट दे सकती हो, दो।"

लंकापति रावण की आज्ञा पाकर राक्षसनियाँ सीता को अशोक वाटिका में ले गईं। अशोक वाटिका एक रमणीय स्थल था किन्तु पति वियोग और निशाचरी दुर्व्यवहार के कारण सीता वहाँ अत्यन्त दुःखी थीं।

सीता का अशोकवाटिका में प्रवेश जानकर पितामह ब्रह्मा देवराज इन्द्र के पास आये और बोले, "सदा सुख में पली हुई पतिव्रता महाभागा सीता पति के चरणों के दर्शन से वंचित होने के कारण दुःख और चिन्ताओं से सन्तप्त हो गई हैं और प्राणयात्रा (भोजन) नहीं कर रही हैं। ऐसी दशा में निःसन्देह वे अपना प्राणत्याग कर देंगी। अतः तुम शीघ्र लंकापुरी में प्रवेश करके उन्हें उत्तम हविष्य प्रदान करो।"

ब्रह्मा जी के आज्ञानुसार इन्द्र तत्काल लंकापुरी पहुँचे। उन्होंने निद्रादेवी की सहायता से समस्त राक्षसों को मोहित कर दिया। फिर वे सीता के पास जाकर बोले, "हे देवि! आप शोक न करें। मैं, शचीपति इन्द्र, राम की सहायता करूँगा। मेरे प्रसाद से वे विशाल सेना लेकर समुद्र पार करके यहाँ आयेंगे। अतः तुम इस हविष्य को स्वीकार करो। इसे खा लेने पर तुम्हें हजारों वर्षों तक भूख और प्यास सन्तप्त नहीं कर पायेंगे।"

शंकित सीता ने उनसे कहा, "मुझे कैसे विश्वास हो कि आप देवराज इन्द्र ही हैं?"

इस पर देवराज इन्द्र ने समस्त देवोचित लक्षणों का प्रदर्शन करके सीता की शंका का निवारण कर दिया।

विश्वास हो जाने पर सीता बोलीं, "यह मेरा सौभाग्य है कि आज आपके मुख से मुझे अपने पति का नाम सुनने को मिला। आप मेरे लिये मेरे श्वसुर दशरथ और पिता जनक के तुल्य हैं। मैं आपके हाथों से इस पायसरूप हविष्य (दूध से बनी हुई खीर) को स्वीकार करती

हूँ। यह रघुकुल की वृद्धि करने वाला हो।"

इस प्रकार से इन्द्र द्वारा प्रदत्त हविष्य को खाकर जानकी भूख-प्यास के कष्ट से मुक्त हो गईं और देवराज इन्द्र, राक्षसों को मोहित करने वाली निद्रा के साथ, देवलोक को चले गये।

7
जटायु की मृत्यु

- जटायु की मृत्यु

राम को इस प्रकार दुःख से कातर और शोक सन्तप्त देख लक्ष्मण ने उन्हें धैर्य बँधाते हुये कहा, "भैया! आप तो सदैव मृदु स्वभाव वाले और जितेन्द्रिय रहे हैं। शोक के वशीभूत होकरआप अपने स्वभाव का परित्याग मत कीजिये। हे रघुकुलभूषण! कितने ही महान कर्म, अनुष्ठान और तपस्या करके हमारे पिता महाराज दशरथ ने आपको प्राप्त किया है। आपसे वियोग हो जाने के कारण ही उन्होंने अपने प्राण त्याग दिये। आप धैर्य धारण करें। संसार में प्रत्येक प्राणी पर विपत्तियाँ आतीं हैं किन्तु विपत्तियाँ हमेशा नहीं रहतीं, कुछ काल पश्चात् उनका अन्त हो जाता है। हमारे गुरु वसिष्ठ जी के सौ पुत्रों का एक ही दिन में गुरु विश्वामित्र ने वध कर दिया था। देवता तक भी प्रारब्ध की मार से नहीं बच पाते फिर देहधारी प्राणी कैसे बच सकते हैं? आप तो स्वयं महान विद्वान हैं मैं भला आपको क्या शिक्षा दे सकता हूँ। आप परिस्थितियों पर विचार कर के धैर्य धारण करें। इस जनस्थान में खोजने से कहीं न कहीं हमें जानकी जी अवश्य मिल जायेंगी।"

लक्ष्मण के सारगर्भित उत्तम वचनों को सुन कर राम ने प्रयासपूर्वक धैर्य धारण किया और लक्ष्मण के साथ सीता की खोज करने के लिये खर-दूषण के जनस्थान की ओर चले। मार्ग में उन्होंने विशाल पर्वताकार शरीर वाले जटायु को देखा। उसे देख कर उन्होंने लक्ष्मण से कहा, "भैया! मुझे ऐसा प्रतीत होता है कि इसी जटायु ने सीता को खा डाला है। मैं अभी इसे यमलोक भेजता हूँ।"

ऐसा कह कर अत्यन्त क्रोधित राम ने अपने धनुष पर प्रत्यंचा चढ़ाई और जटायु को मारने के लिये आगे बढ़े। राम को अपनी ओर आते देख जटायु बोला, "आयुष्मान्! अच्छा हुआ कि तुम आ गये। सीता को लंका का राजा हर कर दक्षिण दिशा की ओर ले गया है और उसी ने मेरे पंखों को काट कर मुझे बुरी तरह से घायल कर दिया है। सीता की पुकार सुन कर

मैंनें उसकी सहायता के लिये रावण से युद्ध भी किया। ये मेरे द्वारा तोड़े हुए रावण के धनुष उसके बाण हैं। इधर उसके विमान का टूटा हुआ भाग भी पड़ा है। यह रावण का सारथि भी मरा हुआ पड़ा है। परन्तु उस महाबली राक्षस ने मुझे मार-मार कर मेरी यह दशा कर दी। वह रावण विश्रवा का पुत्र और कुबेर का भाई है।"

इतना कह कर जटायु का गला रुँध गया, आँखें पथरा गईं और उसके प्राण पखेरू उड़ गये।

जटायु के प्राणहीन रक्तरंजित शरीर को देख कर राम अत्यन्त दुःखी हुए और लक्ष्मण से बोले, "भैया! मैं कितना अभागा हूँ। राज्य छिन गया, घर से निर्वासित हुआ, पिता का स्वर्गवास हो गया, सीता का अपहरण हुआ और आज पिता के मित्र जटायु का भी मेरे कारण निधन हुआ। मेरे ही कारण इन्होंने अपने शरीर की बलि चढ़ा दी। इनकी मृत्यु का मुझे बड़ा दुःख है। तुम जा कर लकड़ियाँ एकत्रित करो। ये मेरे पिता तुल्य थे इसलिये मैं अपने हाथों से इनका दाह-संस्कार करूँगा।"

राम की आज्ञा पाकर लक्ष्मण ने लकड़ियाँ एकत्रित कीं। दोनों ने मिल कर चिता का निर्माण किया। राम ने पत्थरों को रगड़ कर अग्नि निकाली। फिर द्विज जटायु के शरीर को चिता पर रख कर बोले, "हे पूज्य गृद्धराज! जिस लोक में यज्ञ एवं अग्निहोत्र करने वाले, समरांगण में लड़ कर प्राण देने वाले और धर्मात्मा व्यक्ति जाते हैं, उसी लोक को आप प्रस्थान करें। आपकी कीर्ति इस संसार में सदैव बनी रहेगी।"

यह कह कर उन्होंने चिता में अग्नि प्रज्वलित कर दी। थोड़ी ही देर में जटायु का नश्वर शरीर पंचभूतों में मिल गया। इसके पश्चात् दोनों भाइयों ने गोदावरी के तट पर जा कर दिवंगत जटायु को जलांजलि दी

8

पम्पासर में राम हनुमान भेंट

- पम्पासर में राम हनुमान भेंट

कमल, उत्पल तथा मत्स्यों से परिपूर्ण पम्पा सरोवर के पास पहुँचने पर वहाँ के रमणीय दृश्यों को देख कर राम को फिर सीता का स्मरण हो आया और वे पुनः विलाप करने लगे।

उन्होंने लक्ष्मण से कहा, "हे सौमित्र! इस पम्पा सरोवर का जल वैदूर्यमणि के समान स्वच्छ एव श्याम है। इसमें खिले हुये कमल पुष्प और क्रीड़ा करते हुये जल पक्षी कैसे सुशोभित हो रहे हैं! चैत्र माह ने वृक्षों को पल्लवित कर फूलों और फलों से समृद्ध कर दिया है। चारों ओर मनोहर सुगन्ध बिखर रही है। यदि आज सीता भी अपने साथ होती तो इस दृश्य को देख कर उसका हृदय कितना प्रफुल्लित होता। ऐसा प्रतीत होता है कि वसन्तरूपी अग्नि मुझे जलाकर भस्म कर देगी। हा सीते! तुम न जाने किस दशा में रो-रो कर अपना समय बिता रही होगी। मैं कितना अभागा हूँ कि तुम्हें अपने साथ वन में ले आया, परन्तु तुम्हारी रक्षा न कर सका। हा! पर्वत-शिखरों पर नृत्य करते हुये मोरों के साथ कामातुर हुई मोरनियाँ कैसा नृत्य कर रहीं हैं! हे लक्ष्मण! जिस स्थान पर सीता होगी, यदि वहाँ भी इसी प्रकार वसन्त खिला होगा तो वह उसके विरह-विदग्ध हृदय को कितनी पीड़ा पहुँचा रहा होगा। वह अवश्य ही मेरे वियोग में रो-रो कर अपने प्राण दे रही होगी। मैं जानता हूँ, वह मेरे बिना पानी से बाहर निकली हुई मछली की भाँति तड़प रही होगी। उसकी वही दशा हो रही होगी जो आज मेरी हो रही है, अपितु मुझसे अधिक ही होगी क्योंकि स्त्रियाँ पुरुषों से अधिक भावुक और कोमल होती हैं। यह सम्पूर्ण दृश्य इतना मनोरम है कि यदि सीता मेरे साथ होती तो इस स्थान को छोड़ कर मैं कभी अयोध्या न जाता। सदैव उसके साथ यहीं रमण करता। किन्तु यह तो मेरा स्वप्नमात्र है। आज तो यह अभागा प्यारी सीता के वियोग में वनों में मारा-

मारा फिर रहा है। जिस सीता ने मेरे लिये महलों के सुखों का परित्याग किया, मैं उसीकी वन में रक्षा नहीं कर सका। मैं कैसे यह जीवन धारण करूँ? मैं अयोध्या जा कर किसी को क्या बताऊँगा? माता कौसल्या को क्या उत्तर दूँगा? मुझे कुछ सुझाई नहीं देता। मैं इस विपत्ति के पहाड़ के नीचे दबा जा रहा हूँ। मुझे इस विपत्ति से छुटकारे का कोई उपाय नहीं सूझ रहा है। मैं यहीं पम्पासर में डूब कर अपने प्राण दे दूँगा। भाई लक्ष्मण! तुम अभी अयोध्या लौट जाओ। मैं अब जनकनन्दिनी सीता के बिना जीवित नहीं रह सकता।"

बड़े भाई की यह दशा देख कर लक्ष्मण बोले, "हे पुरुषोत्तम राम! आप शोक न करें। हे तात रघुनन्दन! आप यदि रावण पाताल में या उससे भी अधिक दूर चला जाये तो भी वह अब किसी भी तरह से जीवित नहीं रह सकता। आप पहले उस पापी राक्षस का पता लगाइये। फिर वह सीता को वापस करेगा या अपने प्राणों से हाथ धो बैठेगा। आप तो अत्यन्त धैर्यवान पुरुष हैं। आपको ऐसी विपत्ति में सदैव धैर्य रखना चाहिये। हम लोग अपने धैर्य, उत्साह और पुरुषार्थ के बल पर ही रावण को परास्त कर के सीता को मुक्त करा सकेंगे। आप धैर्य धारण करें।"

लक्ष्मण के इस प्रकार से समझाने पर अत्यन्त सन्तप्त राम ने शोक और मोह का परित्याग कर के धैर्य धारण किया। वे पम्पा सरोवर को लाँघ कर आगे बढ़े।

चलते-चलते जब वे ऋष्यमूक पर्वत के निकट पहुँचे तो अपने साथियों के साथ उस पर्वत पर विचरण करने वाले बलवान वानरराज सुग्रीव ने इन दोनों तेजस्वी युवकों को देखा।

इन्हें देख कर सुग्रीव के मन में शंका हुई और उन्होंने अपने मन्त्रियों से कहा, "निश्चय ही वालि ने इन दोनों धनुर्धारी वीरों को छद्मवेश में भेजा है।"

भयभीत होकर सुग्रीव अपने मन्त्रियों के साथ ऋष्यमूक पर्वत के शिखर चले गये।

सुग्रीव को इस प्रकार चिन्तित देख कर वाक्पटु हनुमान बोले, "हे वानराधिपते! वालि तो शापवश यहाँ आ ही नहीं सकता, आप सहसा ऐसे चिन्तित क्यों हो रहे हैं?"

हनुमान के प्रश्न को सुन कर सुग्रीव बोले, "मुझे ऐसा प्रतीत होता है कि ये दोनों पुरुष वालि के भेजे हुये गुप्तचर हैं और तपस्वियों का भेष धारण कर के हमारी खोज में आये हैं। हमें इनकी ओर से निश्चिन्त नहीं होना चाहिये। हनुमान! तुम वेष बदल कर इनके पास जाओ और इनका सम्पूर्ण भेद ज्ञात करो। यदि मेरा सन्देह ठीक हो तो शीघ्र इस विषय में कुछ करना।"

सुग्रीव का निर्देश पा कर हनुमान भिक्षु का भेष धारण कर राम-लक्ष्मण के पास पहुँचे। उन दोनों को प्रणाम करके वे अत्यन्त विनीत एवं मृदु वाणी में बोले, "हे वीरों! आप दोनों सत्यपराक्रमी एवं देवताओं के समान प्रभावशाली जान पड़ते हैं। आप लोग इस वन्य प्रदेश में किसलिये आये हैं? आपके अंगों की कान्ति सुवर्ण के समान प्रकाशित हो रही है। आपकी विशाल भुजाओं और वीर वेश को देख कर ऐसा प्रतीत होता है कि आप इन्द्र को भी परास्त करने की क्षमता रखते हैं, परन्तु फिर भी आपका मुखमण्डल कुम्हलाया हुआ है और आप ठण्डी साँसें भर रहे हैं। इसका क्या कारण है? कृपया आप अपना परिचय दीजिये। आप इस

प्रकार मौन क्यों हैं? यहाँ पर्वत पर वानरश्रेष्ठ सुग्रीव रहते हैं। उनके भाई वालि ने उन्हें घर से निकाल दिया है। वानरशिरोमणि सुग्रीव आप दोनों से मित्रता करना चाहते हैं। उन्हीं की आज्ञा से मैं आपका परिचय प्राप्त करने के लिये यहाँ आया हूँ। मैं वायुदेवता का पुत्र हूँ और मेरा नाम हनुमान है। मैं भी वानर जाति का हूँ। अब आप कृपया अपना परिचय दीजिये। मैं सुग्रीव का मन्त्री हूँ और इच्छानुकूल वेष बदलने की क्षमता रखता हूँ। मैंने आपको सब कुछ बता दिया है। आशा है आप भी अपना परिचय दे कर मुझे कृतार्थ करेंगे और वन में पधारने का कारण बतायेंगे।"

हनुमान की चतुराई भरी स्पष्ट बातों को सुन कर राम ने लक्ष्मण से कहा, "हे सौमित्र! इनकी बातों से मुझे पूर्ण विश्वास हो गया है कि ये महामनस्वी वानरराज सुग्रीव के सचिव हैं और उन्हीं के हित के लिये यहाँ आये हैं। इसलिये तुम निर्भय हो कर इन्हें सब कुछ बता दो।"

राम की आज्ञा पा कर लक्ष्मण हनुमान से बोले, "हे वानरश्रेष्ठ! सुग्रीव के गुणों से हम परिचित हो चुके हैं। हम उन्हें ही खोजते हुये यहाँ तक आये हैं। आप सुग्रीव के कथनानुसार जब मैत्री की बात चला रहे हैं वह हमें स्वीकार है। हम अयोध्यापति महाराज दशरथ के पुत्र हैं। ये श्री रामचन्द्र जी उनके ज्येष्ठ पुत्र और मैं इनका छोटा भाई लक्ष्मण हूँ। चौदह वर्ष का वनवास पाकर ये वन में रहने के लिये अपनी धर्मपत्नी सीता और मेरे साथ आये थे। रावण ने सीता जी का हरण कर लिया है। इसी विचार से कि सम्भवतः वे हमारी सहायता कर सकें, हम लोग महाराज सुग्रीव के पास आये हैं। हे वानरराज! जिस चक्रवर्ती सम्राट दशरथ के चरणों में सम्पूर्ण भूमण्डल के राजा-महाराजा सिर झुकाते थे और उनके शरणागत होते थे, उन्हीं महाराज के ज्येष्ठ पुत्र आज समय के फेर से सुग्रीव की शरण में आये हैं। ताकि महाराज सुग्रीव अपने दलबल सहित इनकी सहायता करें।"

इतना कहते हुये लक्ष्मण का कण्ठ अवरुद्ध हो गया।

लक्ष्मण के वचन सुन कर हनुमान बोले, "हे लक्ष्मण! आप लोगो के आगमन से आज हमारा देश पवित्र हुआ। हम लोग आपके दर्शनों से कृतार्थ हुये। जिस प्रकार आप लोग विपत्ति में हैं, उसी प्रकार सुग्रीव पर भी विपत्ति की घटाएँ छाई हुई हैं। वालि ने उनकी पत्नी का हरण कर लिया है तथा उन्हें राज्य से निकाल दिया है। इसीलिये वे इस पर्वत पर निर्जन स्थान में निवास करते हैं। फिर भी मैं आपको विश्वास दिलाता हूँ कि वे सब प्रकार से आपकी सहायता करेंगे।" इतना कह कर हनुमान बड़े आदर से रामचन्द्र और लक्ष्मण को सुग्रीव के पास ले गये।

9

वानरों को सीता की खोज का आदेश

• **वानरों को सीता की खोज का आदेश**

लक्ष्मण से प्रेरणा पाकर सुग्रीव ने अपने यूथपतियों के साथ रामचन्द्र जी से मिलने के लिये प्रस्थान किया। एक पालकी मँगा कर उसमें पहले लक्ष्मण को आरूढ़ किया और फिर स्वयं भी उसमें जा बैठा। शंखों और भेरियों की ध्वनि करते हुए सहस्रों वीरों के साथ सुग्रीव वहाँ पहुँचा जहाँ श्री राम निवास कर रहे थे। लक्ष्मण को आगे कर और हाथ जोड़ कर विनीत भाव से सुग्रीव श्री राम के सम्मुख खड़ा हो गया। रामचन्द्र जी ने प्रसन्न हो कर सुग्रीव को गले लगाया और फिर उसकी प्रशंसा करते हुये कहा, "हे वानरेश! समय पर अपने सम्पूर्ण शुभ कार्यों को करने वाला राजा ही वास्तव में शासन करने के योग्य होता है और जो भोग विलास में लिप्त हो कर इन्द्रयों के वशीभूत हो जाता है, वह अन्त में विनाश को प्राप्त होता है। अब तुम्हारे उद्योग करने का समय आ गया है। अतएव तुम अपने मति अनुसार जैसा उचित समझो, वैसा करो ताकि सीता का पता मुझे शीघ्र प्राप्त हो सके।"

श्री राम के नीतियुक्त वचन सुन कर सुग्रीव ने कहा, "हे प्रभो! मैं तो आपका अकिंचन दास हूँ। मैं आपके उपकार को कभी नहीं भूल सकता। जनकनन्दिनी की शीघ्र खोज करवाने के उद्देश्य से मैं इन सहस्त्र वानर यूशपतियों को ले कर यहाँ उपस्थित हुआ हूँ। इन सबके पास अपनी-अपनी सेनाएँ हैं और ये स्वयं भी इन्द्र के समान पराक्रमी हैं। आपकी आज्ञा पाते ही ये लंकापति रावण को मार कर सीता को ले आर्येंगे। इन्हें आप इस कार्य के लिये आज्ञा प्रदान करें।"

सुग्रीव की उत्साहवर्द्धक बात सुन कर राम बोले, "राजन्! सबसे पहले तो इस बात का पता लगाना चाहिये कि सीता जीवित भी है या नहीं। यदि जीवित है, तो उसे कहाँ रखा गया है? रावण का निवास स्थान कहाँ है? उसके पास कितनी और कैसी सेना है? वह स्वयं कितना

पराक्रमी है? इन समस्त बातों के ज्ञात हो जाने पर ही आगे की योजना पर विचार किया जायेगा। यह कार्य ऐसा है जिसे न मैं कर सकता हूँ और न ही लक्ष्मण। केवल तुम ही अपनी सेना के द्वारा करवा सकते हो।"

राम के वचन सुनकर सुग्रीव ने अपने यूथपतियों को बुला कर आज्ञा दी, "हे वीर महारथियों! अब मेरी लाज और श्री रामचन्द्र जी का जीवन तुम लोगों के हाथ में है। तुम दसों दिशाओं में जा कर जानकी जी की खोज करो। उन सभी पर्वतों की दुर्गम कन्दराओं, वनों, नदी तटों, समुद्री द्वीपों, उपत्यकाओं और उन गुप्त स्थानों को छान मारो जहाँ उनके होने की तनिक भी सम्भावना हो। आकाश, पाताल, भूमण्डल का कोई भी स्थान छिपा नहीं रहना चाहिये। एक मास के अन्दर जानकी जी का पता मिल जाना चाहिये। यदि इस अवधि में उनका पता न लगा सके तो तुम स्वयं का वध हुआ समझो।"

10

हनुमान का सागर पार करना

- हनुमान का सागर पार करना

बड़े-बड़े गजराजों से भरे हुए महेन्द्र पर्वत के समतल प्रदेश में खड़े हुए हनुमान जी वहाँ जलाशय में स्थित हुए विशालकाय हाथी के समान जान पड़ते थे। सूर्य, इन्द्र, पवन, ब्रह्मा आदि देवों को प्रणाम कर हनुमान जी ने समुद्र लंघन का दृढ़ निश्चय कर लिया और अपने शरीर को असीमित रूप से बढ़ा लिया। उस समय वे अग्नि के समान जान पड़ते थे।

उन्होंने अपने साथी वानरों से कहा, "हे मित्रों! जैसे श्री रामचन्द्र जी का छोड़ा हुआ बाण वायुवेग से चलता है वैसे ही तीव्र गति से मैं लंका में जाउँगा और वहाँ पहुँच कर सीता जी की खोज करूँगा। यदि वहाँ भी उनका पता न चला तो रावण को बाँध कर रामचन्द्र जी के चरणों में लाकर पटक दूँगा। आप विश्वास रखें कि मैं सर्वथा कृतकृत्य होकर ही सीता के साथ लौटूँगा अन्यथा रावण सहित लंकापुर को ही उखाड़ कर लाउँगा।"

इतना कह कर हनुमान आकाश में उछले और अत्यन्त तीव्र गति से लंका की ओर चले। उनके उड़ते ही उनके झटके से साल आदि अनेक वृक्ष पृथ्वी से उखड़ गये और वे भी उनके साथ उड़ने लगे। फिर थोड़ी दूर तक उड़ने के पश्चात् वे वृक्ष एक-एक कर के समुद्र में गिरने लगे। वृक्षों से पृथक हो कर सागर में गिरने वाले नाना प्रकार के पुष्प ऐसे प्रतीत हो रहे थे मानो शरद ऋतु के नक्षत्र जल की लहरों के साथ अठखेलियाँ कर रहे हों। तीव्र गति से उड़ते हुए महाकपि पवनसुत ऐसे प्रतीत हो रहे थे जैसे कि वे महासागर एवं अनन्त आकाश का आचमन करते हुये उड़े जा रहे हैं। तेज से जाज्वल्यमान उनके नेत्र हिमालय पर्वत पर लगे हुये दो दावानलों का भ्रम उत्पन्न करते थे। कुछ दर्शकों को ऐसा लग रहा था कि आकाश में तेजस्वी सूर्य और चन्द्र दोनों एक साथ जलनिधि को प्रकाशित कर रहे हों। उनका लाल कटि

प्रदेश पर्वत के वक्षस्थल पर किसी गेरू के खान का भ्रम पैदा कर रहा था। हनुमान के बगल से जो तेज आँधी भारी स्वर करती हुई निकली थी वह घनघोर वर्षाकाल की मेघों की गर्जना सी प्रतीत होती थी। आकाश में उड़ते हये उनके विशाल शरीर का प्रतिबम्ब समुद्र पर पड़ता था तो वह उसकी लहरों के साथ मिल कर ऐसा भ्रम उत्पन्न करता था जैसे सागर के वक्ष पर कोई नौका तैरती चली जा रही हो। इस प्रकार हनुमान निरन्तर आकाश मार्ग से लंका की ओर बढ़े जा रहे थे।

हनुमान के अद्भुत बल और पराक्रम की परीक्षा करने के लिये देवता, गन्धर्व, सिद्ध और महर्षियों ने नागमाता सुरसा के पास जा कर कहा, "हे नागमाता! तुम जा कर वायुपुत्र हनुमान की यात्रा में विघ्न डाल कर उनकी परीक्षा लो कि वे लंका में जा कर रामचन्द्र का कार्य सफलता पूर्वक कर पायेंगे या नहीं।" ऋषियों के मर्म को समझ कर सुरसा विशालकाय राक्षसनी का रूप धारण कर के समुद्र के मध्य में जा कर खड़ी हो गई और उसने अपने रूप को अत्यन्त विकृत बना लिया। हनुमान को अपने सम्मुख पा कर वह बोली, "आज मैं तुम्हें अपना आहार बना कर अपनी क्षुधा को शान्त करूँगी। मैं चाहती हूँ, तुम स्वयं मेरे मुख में प्रवेश करो ताकि मुझे तुम्हें खाने के लिये प्रयत्न न करना पड़े।" सुरसा के शब्दों को सुन कर हनुमान बोले, "तुम्हारी इच्छा पूरी करने में मुझे कोई आपत्ति नहीं है, किन्तु इस समय मैं अयोध्या के राजकुमार रामचन्द्र जी के कार्य से जा रहा हूँ। उनकी पत्नी को रावण चुरा कर लंका ले गया है। मैं उनकी खोज करने के लिये जा रहा हूँ तुम भी राम के राज्य में रहती हो, इसलिये इस कार्य में मेरी सहायता करना तुम्हारा कर्तव्य है। लंका से मैं जब अपना कार्य सिद्ध कर के लौटूँगा, तब अवश्य तुम्हारे मुख में प्रवेश करूँगा। यह मैं तुम्हें वचन देता हूँ।"

हनुमान की प्रतिज्ञा पर ध्यान न देते हुये सुरसा बोली, "जब तक तुम मेरे मुख में प्रवेश न करोगे, मैं तुम्हारे मार्ग से नहीं हटूँगी।" यह सुन कर हनुमान बोले, "अच्छा तुम अपने मुख को अधिक से अधिक खोल कर मुझे निगल लो। मैं तुम्हारे मुख में प्रवेश करने को तैयार हूँ।" यह कह कर महाबली हनुमान ने योगशक्ति से अपने शरीर का आकार बढ़ा कर चालीस कोस का कर लिया। सुरसा भी अपूर्व शक्तियों से सम्पन्न थी। उसने तत्काल अपना मुख अस्सी कोस तक फैला लिया हनुमान ने अपना शरीर एक अँगूठे के समान छोटा कर लिया और तत्काल उसके मुख में घुस कर बाहर निकल आये। फिर बोले, "अच्छा सुरसा, तुम्हारी इच्छा पूरी हुई अब मैं जाता हूँ। प्रणाम!" इतना कह कर हनुमान आकाश में उड़ गये।

पवनसुत थोड़ी ही दूर गये थे कि सिंहिका नामक राक्षसनी की उन पर दृष्टि पड़ी। वह हनुमान को खाने के लिये लालयित हो उठी। वह छाया ग्रहण विद्या में पारंगत थी। जिस किसी प्राणी की छाया पकड़ लेती थी, वह उसके बन्धन में बँधा चला आता था। जब उसने हनुमान की छाया को पकड़ लिया तो हनुमान की गति अवरुद्ध हो गई। उन्होंने आश्चर्य से सिंहिका की ओर देखा। वे समझ गये, सुग्रीव ने जिस अद्भुत छायाग्राही प्राणी की बात कही थे, सम्भवतः यह वही है। यह सोच कर उन्होंने योगबल से अपने शरीर का विस्तार मेघ के समान अत्यन्त विशाल कर लिया। सिंहिका ने भी अपना मुख तत्काल आकाश से पाताल

तक फैला लिया और गरजती हई उनकी ओर दौड़ी। यह देख कर हनुमान अत्यन्त लघु रूप धारण करके उसके मुख में जा गिरे और अपने तीक्ष्ण नाखूनों से उसके मर्मस्थलों को फाड़ डाला। इसके पश्चात् बड़ी फुर्ती से बाहर निकल कर आकाश की ओर उड़ चले। राक्षसनी क्षत-विक्षत हो कर समुद्र में गिर पड़ी और मर गई।

11

लंका में सीता की खोज

- **लंका में सीता की खोज**

इस प्रकार से सुग्रीव का हित करने वाले कपिराज हनुमान जी ने लंकापुरी में प्रवेश कर मानो शत्रुओं के सिर पर अपना बायाँ पैर रख दिया। वे राजमार्ग का आश्रय ले उस रमणीय लंकापुरी की और चले। वहाँ पर स्वर्ण निर्मित विशाल भवनों में दीपक जगमगा रहे थे। कहीं नृत्य हो रहा था और कहीं सुरा पी कर मस्त हुये राक्षस अनर्गल प्रलाप कर रहे थे। हनुमान जी ने देखा कि बहुत से राक्षस मन्त्रों का जाप करते हुए स्वाध्याय में तत्पर थे। कोई जटा बढ़ाये तो कोई मूड़ मुड़ाये रावण के अनेक गुप्तचर भी उन्हें दृष्टिगत हुए।

हनुमान जी ने नगर के सब भवनों तथा एकान्त स्थानों को छान डाला, परन्तु कहीं सीता दिखाई नहीं दीं। अन्त में उन्होंने सब ओर से निराश हो कर रावण के उस राजप्रासाद में प्रवेश किया जिसमें लंका के मन्त्री, सचिव एवं प्रमुख सभासद निवास करते थे। उन सब का भली-भाँति निरीक्षण करने के पश्चात् वे रावण के अत्यन्त प्रिय बृहत्शाला की ओर चले। वहाँ की सीढ़ियाँ रत्नजटित थीं। स्वर्ण निर्मित वातायन दीपों के प्रकाश से जगमगा रही थीं। स्थान-स्थान पर हाथी दाँत का काम किया हुआ था। छतें और स्तम्भ मणियों तथा रत्नों से जड़े हुये थे। इन्द्र के भवन से भी अधिक सुसज्जित इस भव्य शाला को देख कर हनुमान चकित रह गये। उन्होंने एक ओर स्फटिक के सुन्दर पलंग पर रावण को हुए मदिरा के मद में पड़े देखा जो कि अनिंद्य सुन्दरियों से घिरे हुए था। उसके नेत्र अर्द्धनिमीलित हो रहे थे। अनेक रमणियों के वस्त्राभूषण अस्त-व्यस्त हो रहे थे और वे सुरा के प्रभाव से अछूती भी नहीं थीं। वहाँ भी सीता को न पा कर पवनसुत बाहर निकल आये।

फिर हनुमान जी ने रावण के अन्य निकट सम्बंधियों के निवास स्थानों में सीता की खोज की किन्तु वहाँ भी उन्हें असफलता ही मिली। तत्पश्चात् हनुमान ने रावण की पटरानी मन्दोदरी के भवन में प्रवेश किया। अपने शयनागार में मन्दोदरी एक स्फटिक से श्वेत पलंग पर सो रही थी। उसके शय्या के चारों और रंग-बिरंगी सुवासित पुष्पमालायें झूल रही थीं।

उसके अद्भुत रूप, लावण्य, सौन्दर्य एवं यौवन को देख कर हनुमान के मन में विचार आया, सम्भवतः यही जनकनन्दिनी सीता हैं, परन्तु उसी क्षण उनके मन में एक और विचार उठा कि ये सीता नहीं हो सकतीं क्योंकि रामचन्द्र जी के वियोग में पतिव्रता सीता न तो सो सकती हैं और न इस प्रकार आभूषण आदि पहन कर श्रृंगार ही कर सकती हैं। अतएव यह स्त्री अनुपम लावण्यमयी होते हुये भी सीता कदापि नहीं है। यह सोच कर वे उदास हो गये और मन्दोदरी के कक्ष से बाहर निक आये।

अकस्मात् वे सोचने लगे कि आज मैंने पराई स्त्रियों को अस्त-व्यस्त वेष में सोते हुये देख कर भारी पाप किया है। वे इस पर पश्चाताप करने लगे। फिर यह विचार कर उन्होंने अपने मन को शान्ति दी कि उन्हें देख कर मेरे मन में कोई विकार उत्पन्न नहीं हुआ इसलिये यह पाप नहीं है। फिर जिस उद्देश्य के लिये मुझे भेजा गया है, उसकी पूर्ति के लिये मुझे अनिवार्य रूप से स्त्रियों का अवलोकन करना पड़ेगा। इसके बिना मैं अपना कार्य कैसे पूरा कर सकूँगा। फिर वे सोचने लगे मुझे सीता जी कहीं नहीं मिलीं। रावण ने उन्हें मार तो नहीं डाला? यदि ऐसा है तो मेरा सारा परिश्रम व्यर्थ गया। नहीं, मुझे यह नहीं सोचना चाहिये। जब तक मैं लंका का कोना-कोना न छान मारूँ, तब तक मुझे निराश नहीं होना चाहिये। यह सोच कर अब उन्होंने ऐसे-ऐसे स्थानों की खोज आरम्भ की, जहाँ तनिक भी असावधानी उन्हें यमलोक तक पहुँचा सकती थी। उन स्थानों में उन्होंने रावण द्वारा हरी गई अनुपम सुन्दर नागकन्याओं एवं किन्नरियों को भी देखा, परन्तु सीता कहीं नहीं मिलीं। सब ओर से निराश हो कर उन्होंने सोचा, मैं बिना सीता जी का समाचार लिये लौट कर किसी को मुख नहीं दिखा सकता। इसलिये यहीं रह कर उनकी खोज करता रहूँगा, अथवा अपने प्राण दे दूँगा। यह सोच कर भी उन्होंने सीता को खोजने का कार्य बन्द नहीं किया।

12

रावण-सीता संवाद

- **रावण-सीता संवाद**

इस प्रकार फूले हुए वृक्षों से सुशोभित उस वन की शोभा देखते और विदेहनन्दिनी का अनुसंधान करते हुए हनुमान जी की वह सारी रात प्रायः व्यतीत हो चली। रात्रि जब मात्र एक प्रहर बाकी रही तो रात के उस पिछले प्रहर में छहों अंगोंसहित सम्पूर्ण वेदों के विद्वान तथा श्रेष्ठ यज्ञों द्वारा यजन करने वाले ब्रह्म-राक्षसों के घर में वेदपाठ की ध्वनि होने लगी जिसे हनुमान जी ने सुना।

तदन्तर मंगल वाद्यों तथा श्रवण-सुखद शब्दों द्वारा महाबाहु दशमुख रावण को जगाया गया। जागने पर महाभागी एवं प्रतापी राक्षसराज रावण ने सबसे पहले विदेहनन्दिनी सीता का चिन्तन किया। सीता के प्रति आसक्त एवं काम से प्रेरित रावण ने सब प्रकार के आभूषण धारण कर तथा परम उत्तम शोभा से सम्पन्न हो अशोकवाटिका में प्रवेश किया। पुलस्त्यनन्दन रावण के पीछे-पीछे लगभग एक सौ सुन्दरियाँ भी थीं। काम के आधीन एवं मन में सीता की आस लगाये मन्दगति से आगे बढ़ता रावण अद्भुत शोभा पा रहा था। काम, दर्प और मद से युक्त अचिन्त्य बल-पौरुष से सम्पन्न रावण के अशोकवाटिका के द्वार तक पहुँचने पर कपिवर हनुमान जी ने उसे देखा। यद्यपि मतिमान् हनुमान जी अत्यन्त उग्रतेजस्वी थे, तथापि रावण के तेज से तिरस्कृत-से होकर सघन पत्तों में घुसकर छिप गये।

अनिन्द्य सुन्दरी राजकुमारी सीता ने जब उत्तमोत्तम आभूषणों से विभूषित तथा रूप-यौवन से सम्पन्न राक्षसराज रावण को आते देखा तो वे प्रचण्ड हवा में हिलने वाली कदली के समान भय के मारे थर-थर काँपने लगीं। सुन्दर कान्ति वाली विशाललोचना जानकी ने अपने जंघाओं से पेट और दोनों भुजाओं से स्तन छिपा लिये और रुदन करने लगीं। निशाचरियों से घिरी आसन रहित भूमि पर शोक-विह्वल दीन सीता को रावण ने ध्यानपूर्वक देखा जो दृष्टि नीची किये एकटक पृथ्वी की ओर देख रही थी।

ऐसी दुःखी जानकी के पास आकर लंकापति रावण हँसता हुआ बोले, "हे मृगनयनी! मुझे देख कर तू अपने शरीर को छिपाने का प्रयत्न क्यों कर रही है। स्मरण रख, तेरी इच्छा के बिना मैं कदापि तेरा स्पर्श नहीं करूँगा। तू मुझ पर और मेरे कथन पर विश्वास रख और इस प्रकार दुःखी हो कर अश्रु मत बहा। तेरी यह मलिन, आभूषणरहित वेश-भूषा देख कर मुझे अत्यधिक पीड़ा होती है। तू संसार की सुन्दरियों में शिरोमणि है। अपने इस सौन्दर्य तथा यौवन को व्यर्थ नष्ट मत होने दे। यदि एक बार यह यौवन नष्ट हो गया तो फिर लौट कर नहीं आयेगा। मैं फिर कहता हूँ, तू विश्व की अनुपम सुन्दरी है विधाता की अद्वितीय सृष्टि है। तेरे निर्माण में ब्रह्मा ने अपना सारा कौशल और चतुराई लगा दी। इसीलिये तेरी रचना में उसने किसी प्रकार की कोई कमी नहीं रखी है। तेरे किस-किस अंग की मैं सराहना करूँ। जिस अंग पर दृष्टि पड़ती है, उसी पर अटक कर रह जाती है। मैं तुझे पूरे हृदय से अपनाना चाहता हूँ। मैं तेरे प्रत्येक अंग का रसास्वादन करना चाहता हूँ। इसी लिये तुझसे कहता हूँ, तू राम का मोह छोड़ दे। मैं तुझे अपनी पटरानी बनाउँगा। मेरी सब रानियाँ तो तेरी चरणों की दासी बनेंगी ही, मैं भी तेरा दास बन कर रहूँगा। अपने भुजबल से अर्जित सम्पूर्ण सम्पत्ति तेरे चरणों में अर्पित कर दूँगा। जीते हुये समस्त राज्य तेरे पिता जनक को दे दूँगा। तू वास्तव में इतनी सुन्दर है कि तुझे देख कर तो तुझे बनाने वाला स्वयं विधाता कामवश हो जायेगा, मेरी तो बात ही क्या है? इसलिये तू मेरी बात स्वीकार कर ले। राम से भयभीत होने की आवश्यकता कोई नहीं है। संसार में कोई भी मुझसे लोहा नहीं ले सकता। चल, उठ कर खड़ी हो जा और सुन्दर वस्त्राभूषण धारण कर के मेरे साथ रमण कर। हे कल्याणी! चल कर तू मेरे ऐश्वर्य को देख और उस कंगाल वनवासी को भूल जा। तू ही सोच, राम के पास न राज्य है, न धन है, न कोई दास है, न सेना है और न कोई साधन है। फिर यह भी क्या पता है कि वह अभी जीता है या मर गया। यदि जीवित भी हो तो भी न तो तू उसके पास पहुँच सकती है और न वह स्वयं ही यहाँ आ सकता है। अतएव चिन्ता का परित्याग कर के निश्चिन्त हो कर मेरे साथ रमण कर।"

रावण के नीच वचनों को सुन कर मध्य में तृण रख कर जानकी बोलीं, "हे लंकेश! तुम्हारे जैसे विद्वान के लिये यह उचित होगा कि तुम अपनी मर्यादाओं का उल्लंघन न करो और मुझसे अपना मन हटा कर अपनी रानियों से प्रेम करो। स्मरण रखो, पापी और नीच भावना रखने वाले पुरुषों को अपने उद्देश्य में कभी सफलता नहीं मिलती। मैं उत्तम कुल में जन्म लेने वाली पतिपरायणा पत्नी हूँ, तुम मुझे मेरे सतीत्व से कदापि विचलित नहीं कर सकते। अपने प्राण रहते मैं तुम्हारे नीचता से परिपूर्ण प्रस्ताव को किसी भी दशा में स्वीकार नहीं कर सकती। यदि तुममें तनिक भी न्याय-बुद्धि होती तो तुम अन्य स्त्रियों के धर्म की उसी प्रकार रक्षा करते जिस प्रकार अपनी रानियों के सतीत्व की करते हो। क्या इस लंका में ऐसा कोई समझदार व्यक्ति नहीं है जो तुम्हें इस साधारण सी बात का बोध कराये? तुम तो नीतिवान बनते हो, फिर नीति का यह वाक्य कैसे भूल गये कि जिस राजा की इन्द्रियाँ उसके वश में नहीं रहतीं, वह चाहे कितना ही ऐश्वर्यवान हो, अन्त में रसातल को जाता है, उसका सर्वस्व

नष्ट हो जाता है। हे दुर्बुद्धे! तूने अभी तक मुझे पहचाना नहीं है। मैं तेरे ऐश्वर्य, राज्य, धन-सम्पत्ति के लोभ में नहीं फँस सकती। तेरा यह कहना भी एक व्यर्थ का प्रलाप है कि मैं रघुकुलमणि रामचन्द्र जी से नहीं मिल सकती। अरे मूर्ख! वे तो सदैव मेरे हृदय में निवास करते हैं। मुझे कोई उनसे अलग नहीं कर सकता। मेरा उनका ऐसा अटूट सम्बंध है जैसा कि सूर्य का उसकी प्रभा से। इसलिये मैं उनकी हूँ और सदा ही उनकी रहूँगी। यदि तू सोच-समझ कर यह मान ले कि तूने मेरा अपहरण कर के एक भयंकर अपराध किया है और इसलिये मुझे लौटाते हुये तुझे भय लगता है तो मैं तुझे अभयदान देते हुये वचन देती हूँ कि तू मुझे उनके पास पहुँचा दे, मैं तुझे उनसे क्षमा करा दूँगी। यदि तुम अब भी अपनी हठ पर अड़े रहे तो विश्वास करो कि तुम्हारी मृत्यु निश्चित है और तुम्हें उनके बाणों से कोई नहीं बचा सकता। इसलिये मैं फिर कहती हूँ कि सावधान हो जाओ। अपने साथ लंका और लंकावासियों का नाश मत करो। इसी में तुम्हारा और तुम्हारे राक्षसकुल का कल्याण है।"

सीता के ये कठोर वचन सुनकर राक्षसराज रावण ने उन प्रियदर्शना सीता को यह अप्रिय उत्तर दिया, "लोक में पुरुष जैसे-जैसे अनुनय-विनय करता है, वैसे-वैसे ही वह उनका प्रिय होता जाता है किन्तु मैं तुमसे ज्यों-ज्यों मीठे वचन बोलता हूँ त्यों-त्यों तुम मेरा तिरस्कार करती जाती हो। तुम्हारे प्रति जो मेरा प्रेम उत्पन्न हो गया है, वही मेरे क्रोध को रोक रहा है। हे समुखि! यही कारण है कि वध और तिरस्कार के योग्य होने पर भी मैं तुम्हारा वध नहीं कर रहा हूँ। मिथिलेशकुमारी! तुम मुझसे जैसी कठोर बातें कह रही हो, उनके प्रतिकार में तुम्हें कठोर प्राणदण्ड देना ही उचित है। हे सुन्दरि! मैंने तुम्हारे लिये जो अवधि नियुक्त की है उसके अनुसार मुझे दो महीने और प्रतीक्षा करनी है। तत्पश्चात् तुम्हें मेरी शय्या पर आना ही होगा। स्मरण रखो यदि दो महीने बाद तुमने अपना पति स्वीकार नहीं करोगी तो मेरे रसोइये मेरे कलेवे के लिये तुम्हारे टुकड़े-टुकड़े कर डालेंगे।"

राक्षसराज रावण के इन वचनों को सुनकर पातिव्रत्य और पति के शौर्य के अभिमान से परिपूर्ण सीता ने कहा, "निश्चय ही इस नगर में तेरा भला चाहने वाला कोई भी ऐसा पुरुष नहीं है जो तुझे इस निन्दित कर्म से रोके। नीच राक्षस! तूने अमित तेजस्वी श्री राम की भार्या से जो पाप की बात कही है, उसके परिणामस्वरूप दण्ड से तू कहाँ जाकर छुटकारा पायेगा? मैं धर्मात्मा श्री राम की धर्मपत्नी और महाराज दशरथ की पुत्रवधू हूँ। दशमुख रावण! मेरा तेज ही तुझे भस्म कर डालने के लिये पर्याप्त है। केवल श्रीराम की आज्ञा न होने से और अपनी तपस्या को सुरक्षि रखने के विचार से मैं तुझे भस्म नहीं कर रही हूँ। निःसन्देह तेरे वध के लिये ही विधाता ने यह विधा रच दिया है। तू कितना वीर और पराक्रमी है इसका पता तो मुझे उसी दिन चल गया था, जब तेरे पास इतनी विशाल सेना, बल और तेज होते हुये भी तू मुझे चोरों की भाँति मेरे पति की अनुपस्थिति में चुरा लाया था। क्या इससे तेरी कायरता का पता नहीं चलता।"

सीता के मुख से ऐसे अप्रत्याशित एवं अपमानजनक वचन सुनकर रावण का सम्पूर्ण शरीर क्रोध से थर-थर काँपने लगा। उसके नेत्रों से अंगारे बरसाने लगे। वह दहाड़ता हुआ

बोला, "अन्यायी और निर्धन मनुष्य का अनुसरण करने वाली नारी! जैसे सूर्यदेव अपने तेज से प्रातःकालिक संध्या के अन्धकार को नष्ट कर देते हैं उसी प्रकार मैं तेरा तत्काल विनाश किये देता हूँ।"

तत्पश्चात् रावण ने एकाक्षी (एक आँख वाली), एककर्णा (एक कान वाली), अश्वपदी (घोड़े के समान पैर वाली), सिंहमुखी (सिंह के समान मुख वाली) आदि विकराल दिखायी देनेवाली राक्षसियों को सम्बोधित करते हुए कहा, "जिस प्रकार भी हो, सीता को मेरे वश में होने के लिये विवश करो। यदि वह प्रेम से न माने तो इसे मनचाहा दण्ड दो ताकि यह हाथ जोड़ कर गिड़गिड़ाती तुई मुझसे प्रार्थना करे और मुझे अपना पति स्वीकार करे।"

राक्षसियों को इस प्रकार आज्ञा देकर काम और क्रोध से व्याकुल हुआ राक्षसराज रावण सीता की ओर देखकर गर्जना करने लगा। रावण को अत्यन्त क्रोधित देखकर मन्दोदरी और धान्यमालिनी नाम की एक अन्य राक्षस-कन्या शीघ्र रावण के पास आयीं और उसका आलिंगन कर बोलीं, "हे प्राणनाथ! आप इस कुरूप सीता के लिये क्यों इतने व्याकुल होते हैं? भला इसके फीके पतले अधरों, अनाकर्षक कान्ति और छोटे भद्दे आकार में क्या आकर्षण है? आप चल कर मेरे साथ विहार कीजिये। इस अभागी को मरने दीजिये। इसके ऐसे भाग्य कहाँ जो आप जैसे अपूर्व बलिष्ठ, अद्भुत पराक्रमी, तीनों लोकों के विजेता के साथ रमण-सुख प्राप्त कर सके। नाथ! जो स्त्री आपको नहीं चाहती, उसके पीछे उन्मत्त की भाँति दौड़ने से क्या लाभ? इससे तो व्यर्थ ही मन को दुःख होता है।"

जब उन राक्षसियों ने ऐसा कहा और उसे दूसरी ओर हटा ले गयीं तो मेघ के समान काला और बलवान राक्षस रावण जोर-जोर से हँसता हुआ अपने भव्य प्रासाद की ओर चल पड़ा।

13

जानकी राक्षसी घेरे में

- **जानकी राक्षसी घेरे में**

राक्षसराज रावण के चले जाने के बार भयानक रूप वाली राक्षसियों ने सीता को घेर लिया और उन्हें अनेक प्रकार से डराने धमकाने लगीं। वे सीता की भर्त्सना करते हुए कहने लगीं, "हे मूर्ख अभागिन! हे नीच नारी! तीनों लोकों और चौदह भुवनों को अपने पराक्रम से पराजित करने वाले परम तेजस्वी राक्षसराज की शैया प्रत्येक को नहीं मिलती। यह तो तुम्हारा परम सौभाग्य है कि स्वयं लंकापति तुम्हें अपनी अंकशायिनी बनाना चाहते हैं। तनिक विचार कर देखो, कहाँ अगाध ऐश्वर्य, स्वर्णपुरी तथा अतुल सम्पत्ति का एकछत्र स्वामी और कहाँ वह राज्य से निकाला हुआ, कंगालों की भाँति वन-वन में भटकने वाला, हतभाग्य साधारण सा मनुष्य! सोच-समझ कर निर्णय करो और महाप्रतापी लंकाधिपति रावण को पति के रूप में स्वीकार करो। उसकी अद्धार्धांगिनी बनने में ही तुम्हारा कल्याण है। अन्यथा राम के वियोग में तड़प-तड़प कर मरोगी या राक्षसराज के हाथों मारी जाओगी। तुम्हारा यह कोमल शरीर इस प्रकार नष्ट होने के लिये नहीं है। महाराज रावण के साथ विलास भवन में जा कर रमण करो। महाराज तुम्हें इतना विलासमय सुख देंगे जिसकी तुमने उस कंगाल वनवासी के साथ रहते कल्पना भी नहीं की होगी।"

राक्षसियों की ये बातें सुनकर कमलनयनी सीता ने अश्रुपूर्ण नेत्रों से उनकी ओर देख कर कहा, "तुम सब का यह लोक-विरुद्ध एवं पापपूर्ण प्रस्ताव मेरे हृदय में क्षणमात्र को भी ठहर नहीं पाता। एक मानवकन्या किसी राक्षस की भार्या नहीं हो सकती। तुम सब लोग भले ही मुझे खा जाओ किन्तु मैं तुम्हारी बात नहीं मान सकती। मेरे पति दीन हों अथवा राज्यहीन, वे ही मेरे स्वामी हैं और मैं सदा उन्हीं में अनुरक्त हूँ तथा आगे भी रहूँगी। जैसे सुवर्चला सूर्य में, महाभागा शची इन्द्र में, अरुन्धती महर्षि वसिष्ठ में, रोहिणि चन्द्र में, सुकन्या च्यवन में, सावित्री सत्यवान में, श्रीमती कपिल में, मदयन्ती सौदास में, केशिनी सगर में और दमयन्ती नल में अनुराग रखती हैं वैसे ही मैं भी अपने पति इक्ष्वाकुवंशशिरोमणि श्री राम में अनुरक्त

हूँ।

सीता के वचन सुन कर राक्षसियों के क्रोध की सीमा न रही। वे रावण की आज्ञानुसार कठोर वचनों द्वारा उन्हें धमकाने लगीं। अशोकवृक्ष में चुपचाप छिपे बैठे हुए हनुमान जी सीता को फटकारती हुई राक्षसियों की बातें सुनते रहे। वे सब राक्षसियाँ कुपित होकर काँपती हुई सीता पर चारों ओर से टूट पड़ीं। उनका क्रोध बहुत बढ़ा हुआ था। राक्षसियों के बारम्बार धमकाने पर सर्वांगसुन्दरी कल्याणी सीता अपने आँसू पोंछती हुई उसी अशोकवृक्ष के नीचे चली आईं जिस पर हनुमान जी छिपे बैठे थे। शोकसागर में डूबी हुई विशाललोचना वैदेही वहाँ चुपचाप बैठ गईं। वे अत्यन्त दीन व दुर्बल हो गई थीं तथा उनके वस्त्र मलिन हो चुके थे। विकराल राक्षसियाँ फिर उन्हें घेरकर तरह-तरह से धमकाने लगीं।

विकराल रूप वाली राक्षसियों के द्वारा इस प्रकार से धमकाये जाने पर देवकन्या के समान सुन्दरी सीता धैर्य छोड़ कर रोने लगीं। विलाप करते हुए वे कहने लगीं, "हे भगवान! अब यह विपत्ति नहीं सही जाती। प्रभो! मुझे इस विपत्ति से छुटकारा दिलाओ, या मुझे इस पृथ्वी से उठा लो। बड़े लोगों ने सच कहा है कि समय से पहले मृत्यु भी नहीं आती। आज मेरी कैसी दयनीय दशा हो गई है। कहाँ अयोध्या का वह राजप्रासाद जहाँ मैं अपने परिजनों तथा पति के साथ अलौकिक सुख भोगती थी और कहाँ यह दुर्दिन जब मैं पति से विमुख छल द्वारा हरी गई इन राक्षसों के फंदों में फँस कर निरीह हिरणी की भाँति दुःखी हो रही हूँ। आज अपने प्राणेश्वर के बिना मैं जल से निकाली गई मछली की भाँति तड़प रही हूँ। इतनी भयंकर वेदना सह कर भी मेरे प्राण नहीं निकल रहे हैं। आश्चर्य यह है कि मर्मान्तक पीड़ा सह कर भी मेरा हृदय टुकड़े-टुकड़े नहीं हो गया। मुझ जैसी अभागिनी कौन होगी जो अपने प्राणाधिक प्रियतम से बिछुड़ कर भी अपने प्राणों को सँजोये बैठी है। अभी न जाने कौन-कौन से दुःख मेरे भाग्य में लिखे हैं। न जाने वह दुष्ट रावण मेरी कैसी दुर्गति करेगा। चाहे कुछ भी हो, मैं उस महापातकी को अपने बायें पैर से भी स्पर्श न करूँगी, उसके इंगित पर आत्म समर्पण करना तो दूर की बात है। यह मेरा दुर्भाग्य ही है किस एक परमप्रतापी वीर की भार्या हो कर भी दुष्ट रावण के हाथों सताई जा रही हूँ और वे मेरी रक्षा करने के लिये अभी तक यहाँ नहीं पहुँचे। मेरा तो भाग्य ही उल्टा चल रहा है। यदि परोपकारी जटायुराज इस नीच के हाथों न मारे जाते तो वे अवश्य राघव को मेरा पता बता देते और वे आ कर रावण का विनाश करके मुझे इस भयानक यातना से मुक्ति दिलाते। परन्तु मेरा मन कह रहा है दि दुश्चरित्र रावण के पापों का घड़ा भरने वाला है। अब उसका अन्त अधिक दूर नहीं है। वह अवश्य ही मेरे पति के हाथों मारा जायेगा। उनके तीक्ष्ण बाण लंका को लम्पट राक्षसों के आधिपत्य से मुक्त करके अवश्य मेरा उद्धार करेंगे। किन्तु उनकी प्रतीक्षा करते-करते मुझे इतने दिन हो गये और वे अभी तक नहीं आये। कहीं ऐसा तो नहीं है कि उन्होंने मुझे मरा हुआ समझ लिया हो और इसलिये अब वे मेरी खोज खबर ही न ले रहे हों। यह भी तो हो सकता है कि दुष्ट मायावी रावण ने जिस प्रकार छल से मेरा हरण किया, उसी प्रकार उसने छल से उन दोनों भाइयों का वध कर डाला हो। उस दुष्ट के लिये कोई भी नीच कार्य अकरणीय नहीं है। दोनों दशाओं

में मेरे जीवित रहने का प्रयोजन नहीं है। यदि उन्होंने मुझे मरा हुआ समझ लिया है या इस दुष्ट ने उन दोनों का वध कर दिया है तो भी मेरा और उनका मिलन जअब असम्भव हो गया है। जब मैं अपने प्राणेश्वर से नहीं मिल सकती तो मेरा जीवित रहना व्यर्थ है। मैं अभी इसी समय अपने प्राणों का उत्सर्ग करूँगी।"

सीता के इन निराशा भरे वचनों को सुन कर पवनपुत्र हनुमान अपने मन में विचार करने लगे कि अब इस बात में कोई सन्देह नहीं है कि यह ही जनकनन्दिनी जानकी हैं जो अपने पति के वियोग में व्यकुल हो रही हैं। यही वह समय है, जब इन्हें धैर्य की सबसे अधिक आवश्यकता है।

14

हनुमान का सीता को अपना विशाल रूप दिखाना

- हनुमान का सीता को अपना विशाल रूप दिखाना

वानरश्रेष्ठ हनुमान के मुख से यह अद्भुत वचन सुनकर सीता जी ने विस्मयपूर्वक कहा, "वानरयूथपति हनुमान! तुम्हारा शरीर तो छोटा है तुम इतनी दूरी वाले मार्ग पर मुझे कैसे ले जा सकोगे? तुम्हारे इस दुःसाहस को मैं वानरोचित चपलता ही समझती हूँ।"

सीता का अपने प्रति अविश्वास हनुमान को अपना तिरस्कार सा लगा। फिर उन्होंने सोचा कि मेरी शक्ति और सामर्थ्य से अपरिचित होने के कारण ही ये ऐसा कह रही हैं अतः इन्हें यह दिखा देना ही उचित होगा कि मैं अपनी इच्छानुरूप रूप धारण कर सकता हूँ। ऐसा सोचकर वे बुद्धिमान कपिवर उस वृक्ष से नीचे कूद पड़े और सीता जी को विश्वास दिलाने के लिये बढ़ने लगे। क्षणमात्र में उनका शरीर मेरु पर्वत के समान ऊँचा हो गया। वे प्रज्वलित अग्नि के समान तेजस्वी प्रतीत होने लगे। तत्पश्चात् पर्वत के समान विशालकाय, तामे के समान लाल मुख तथा वज्र के समान दाढ़ और नख वाले भयानक महाबली वानरवीर हनुमान विदेहनन्दिनी से बोले, "देवि! मुझमें पर्वत, वन, अट्टालिका, चहारदीवारी और नगरद्वार सहित इस लंकापुरी को रावण के साथ ही उठा ले जाने की शक्ति है। अतः हे विदेहनन्दिनी! आपकी आशंका व्यर्थ है। देवि! आप मेरे साथ चलकर लक्ष्मण सहित श्री रघुनाथ जी का शोक दूर कीजिये।"

हनुमान के आश्चर्यजनक रूप को विस्मय से देखती हुई सीता जी बोलीं, "हे पवनसुत! तुम्हारी शक्ति और सामर्थ्य में अब मुझे किसी प्रकार की शंका नहीं रही है। तुम्हारी गति वायु के समान और तेज अग्नि के समान है। किन्तु मैं तुम्हारे प्रस्ताव को स्वीकार करने में असमर्थ हूँ। मैं अपनी इच्छा से अपने पति के अतिरिक्त किसी अन्य पुरुष के शरीर का स्पर्श नहीं कर सकती। मेरे जीवन में मेरे शरीर का स्पर्श केवल एक परपुरुष ने किया है और वह

दुष्ट रावण है जिसने मेरा हरण करते समय मुझे बलात् अपनी गोद में उठा लिया था। उसकी वेदना से मेरा शरीर आज तक जल रहा है। इसका प्रायश्चित तभी होगा जब राघव उस दुष्ट का वध करेंगे। इसी में मेरा प्रतिशोध और उनकी प्रतिष्ठा है।"

जानकी के मुख से ऐसे युक्तियुक्त वचन सुन कर हनुमान का हृदय गद्-गद् हो गया। वे प्रसन्न होकर बोले, "हे देवि! महान सती साध्वियों को शोभा देने वाले ऐसे शब्द आप जैसी परम पतिव्रता विदुषी ही कह सकती हैं। आपकी दशा का वर्णन मैं श्री रामचन्द्र जी से विस्तारपूर्वक करूँगा और उन्हें शीघ्र ही लंकापुरी पर आक्रमण करने के लिये प्रेरित करूँगा। अब आप मुझे कोई ऐसी निशानी दे दें जिसे मैं श्री रामचन्द्र जी को देकर आपके जीवित होने का विश्वास दिला सकूँ और उनके अधीर हृदय को धैर्य बँधा सकूँ।"

हनुमान के कहने पर सीता जी ने अपना चूड़ामणि खोलकर उन्हें देते हुये कहा, "यह चूड़ामणि तुम उन्हें दे देना। इसे देखते ही उन्हें मेरे साथ साथ मेरी माताजी और अयोध्यापति महाराज दशरथ का भी स्मरण हो आयेगा। वे इसे भली-भाँति पहचानते हैं। उन्हें मेरा कुशल समाचार देकर लक्ष्मण और वानरराज सुग्रीव को भी मेरी ओर से शुभकामनाएँ व्यक्त करना। यहाँ मेरी जो दशा है और मेरे प्रति रावण तथा उसकी क्रूर दासियों का जो व्यवहार है, वह सब तुम अपनी आँखों से देख चुके हो, तुम समस्त विवरण रघुनाथ जी से कह देना। लक्ष्मण से कहना, मैंने तुम्हारे ऊपर अविश्वास करके जो तुम्हें अपने ज्येष्ठ भ्राता के पीछे कटुवचन कह कर भेजा था, उसका मुझे बहुत पश्चाताप है और आज मैं उसी मूर्खता का परिणाम भुगत रही हूँ। पवनसुत! और अधिक मैं क्या कहूँ, तुम स्वयं बुद्धिमान और चतुर हो। जैसा उचित प्रतीत हो वैसा कहना और करना।"

जानकी के ऐसा कहने पर दोनों हाथ जोड़ कर हनुमान उनसे विदा लेकर चल दिये।

15
समुद्र पार करने की चिन्ता

• समुद्र पार करने की चिन्ता

हनुमान के मुख से सीता का समाचार पाकर रामचन्द्र जी अत्यन्त प्रसन्न हुये और कहने लगे, "हनुमान ने बहुत भारी कार्य किया है भूतल पर ऐसा कार्य होना कठिन है। इस महासागर को लाँघ सकने की क्षमता गरुड़, वायु और हनुमान को छोड़कर किसी दूसरे में नहीं है। देवताओं, राक्षसों, यक्षों, गन्धर्वों तथा दैत्यों द्वारा रक्षित लंका में प्रवेश करके उसमें से सुरक्षित निकल आना केवल हनुमान के लिये ही सम्भव है। इन्होंने समुद्र-लंघन आदि कार्यों के द्वारा अपने पराक्रम के अनुरूप बल प्रकट कर के एक सच्चे सेवक के योग्य सुग्रीव का बहुत बड़ा कार्य सम्पन्न किया है। स्वामी द्वारा दिये गये कार्य को सेवक उत्साह तथा लगन से पूरा करे तो वह श्रेष्ठ होता है। जो सेवक कार्य तो पूर्ण कर दे, किन्तु बिना किसी उत्साह के पूरा करे, वह मध्यम होता है और आज्ञा पाकर भी कार्य न करने वाला सेवक अधम कहलाता है। हनुमान ने स्वामी के एक कार्य में नियुक्त होकर उसके साथ ही दूसरे महत्वपूर्ण कार्यों को भी पूरा किया है और सुग्रीव को पूर्णतः सन्तुष्ट कर दिया है। आज मेरे पास पुरस्कार देने योग्य वस्तु का अभाव है। यह बात मेरे मन कसक उत्पन्न कर रही है कि यहाँ जिसने मुझे ऐसा प्रिय संवाद सुनाया, उसका मैं कोई वैसा ही प्रिय कार्य नहीं कर पा रहा हूँ। अतः इस समय मैं इन महात्मा हनुमान को केवल अपना प्रगाढ़ आलिंगन प्रदान अपना सर्वस्व इसे समर्पित करता हूँ।"

ऐसा कहते-कहते श्री रामचन्द्र जी के अंग-प्रत्यंग प्रेम से पुलकित हो गये और उन्होंने अपनी आज्ञा के पालन में सफलता पाकर लौटे हुए पवित्रात्मा हनुमान जी को हृदय से लगा लिया।

फिर थोड़ी देर तक विचार करके रामचन्द्र जी ने सुग्रीव से कहा, "हे वानरराज! जानकी की खोज का कार्य तो सुचारुरूप से सम्पन्न हो गया किन्तु समुद्र की दुस्तरता का विचार

करके मेरे मन का उत्साह पुनः नष्ट हो रहा है। महान जलराशि से परिपूर्ण समुद्र को पार करना अत्यन्त कठिन है। यह कार्य कैसे हो पायेगा?"

राम को इस प्रकार चिन्तित देख सुग्रीव ने कहा, "वीरवर! आप दूसरे साधारण मनुष्यों की भाँति क्यों सन्ताप कर रहे हैं? जैसे कृतघ्न पुरुष सौहार्द्र को त्याग देता है उसी प्रकार से आप भी इस सन्ताप को त्याग दें। जब सीता जी का पता लग गया है तो मुझे आपके इस दुःख और चिन्ता का कोई कारण नहीं दिखाई देता। मेरी वानर सेना की वीरता और पराक्रम के सामने यह समुद्र बाधा बन कर खड़ा नहीं हो सकता। हम समुद्र पर पुल बना कर उसे पार करेंगे। परिश्रम और उद्योग से कौन सा कार्य सिद्ध नहीं हो सकता? हमें कायरों की भाँति समुद्र को बाधा मान निराश होकर नहीं बैठना चाहिये।"

सुग्रीव के उत्साहपूर्ण शब्दों से सन्तुष्ट होकर राघव हनुमान से बोले, "हे वीर हनुमान! कपिराज सुग्रीव की पुल बनाने की योजना से मैं सहमत हूँ। यह कार्य शीघ्र आरम्भ हो जाये, ऐसी व्यवस्था तो सुग्रीव कर ही देंगे। इस बीच तुम मुझे रावण की सेना, उसकी शक्ति, युद्ध कौशल, दुर्गों आदि के विषय में विस्तृत जानकारी दो। मुझे विश्वास है कि तुमने इन सारी बातों का अवश्य ही विस्तारपूर्वक अध्ययन किया होगा। तुम्हारी विश्लेषण क्षमता पर मुझे पूर्ण विश्वास है।"

रघुनाथ जी का आदेश पाकर पवनपुत्र हनुमान ने कहा, "हे सीतापते! लंका जितनी ऐश्वर्य तथा समृद्धि से युक्त है, उतनी ही वह विलासिता में डूबी हुई भी है। सैनिक शक्ति उसकी महत्वपूर्ण है। उसमें असंख्य उन्मत्त हाथी, रथ और घोड़े हैं। बड़े-बड़े पराक्रमी योद्धा सावधानी से लंकापुरी की रक्षा करते हैं। उस विशाल नगरी के चार बड़े-बड़े द्वार हैं। प्रत्येक द्वार पर ऐसे शक्तिशाली यन्त्र लगे हुये हैं जो लाखों की संख्या में आक्रमण करने वाले शत्रु सैनिकों को भी द्वार से दूर रखने की क्षमता रखते हैं। इसके अतिरिक्त प्रत्येक द्वार पर अनेक बड़ी-बड़ी शतघ्नी (तोप) रखी हुई हैं जो विशाल गोले छोड़ कर अपनी अग्नि से समुद्र जैसी विशाल सेना को नष्ट करने की सामर्थ्य रखती है। लंका को और भी अधिक सुरक्षित रखने के लिये उसके चारों ओर अभेद्य स्वर्ण का परकोटा खींचा गया है। परकोटे के साथ-साथ गहरी खाइयाँ खुदी हुई हैं जो अगाध जल से भरी हुई हैं। उस जल में नक्र, मकर जैसे भयानक हिंसक जल-जीव निवास करते हैं। परकोटे पर थोड़े-थोड़े अन्तर से बुर्ज बने हुये हैं। उन पर विभिन्न प्रकार के विचित्र किन्तु शक्तिशाली यन्त्र रखे हुये हैं। यदि किसी प्रकार से शत्रु के सैनिक परकोटे पर चढ़ने में सफल हो भी जायें तो ये यन्त्र अपनी चमत्कारिक शक्ति से उन्हें खाई में धकेल देते हैं। लंका के पूर्वी द्वार पर दस सहस्त्र पराक्रमी योद्धा शूल तथा खड्ग लिये सतर्कतापूर्वक पहरा देते हैं। दक्षिण द्वार पर एक लाख योद्धा अस्त्र-शस्त्रों से सुसज्जित होकर सदैव सावधानी की मुद्रा में खड़े रहते हैं। उत्तर और पश्चिम के द्वारों पर भी सुरक्षा की ऐसी ही व्यवस्था है। इतना सब कुछ होते हुये भी आपकी कृपा से मैंने उनकी शक्ति काफी क्षीण कर दी है क्योंकि जब रावण ने मेरी पूँछ में कपड़ा लपेट कर आग लगवा दी थी तो मैंने उसी जलती हुई पूँछ से लंका के दुर्गों को या तो समूल नष्ट कर दिया या उन्हें

अपार क्षति पहुँचाई है। अनेक यन्त्रों की दुर्दशा कर दी है और कई बड़े-बड़े सेनापतियों को यमलोक भेज दिया है। अब तो केवल सागर पर सेतु बाँधने की देर है, फिर तो राक्षसों का विनाश होते अधिक देर नहीं लगेगी।"

16

वानर सेना का प्रस्थान

- **वानर सेना का प्रस्थान**

हनुमान के मुख से लंका का यह विशद वर्णन सुन कर रामचन्द्र बोले, "हनुमान! तुमने भयानक राक्षस रावण की जिस लंकापुरी का वर्णन किया है, उसे मैं शीघ्र ही नष्ट कर डालूँगा। सुग्रीव! अभी विजय नामक मुहूर्त है और इस मुहूर्त में प्रस्थान करना अत्यन्त उपयुक्त है। अतः तुम तत्काल प्रस्थान की तैयारी करो। आज उत्तराफाल्गुनी नामक नक्षत्र है। कल चन्द्रमा का हस्त नक्षत्र से योग होगा। इसलिये हे सुग्रीव! हम लोगों का आज ही सारी सेनाओं के साथ यात्रा आरम्भ कर देना ही उचित है। इस समय जो शकुन प्रकट हो रहे हैं उन्हें देखकर यह विश्वास होता है कि मैं अवश्य ही रावण का वध कर के जनकनन्दिनी सीता को ले आऊँगा।"

रघुनाथ जी के वचन सुनकर महापराक्रमी वानरशिरोमणि सुग्रीव ने वानर सेनापतियों को यथोचित आज्ञा दी और समस्त महाबली वानरगण अपनी गुफाओं और शिखरों से शीघ्र ही निकल कर उछलते-कूदते हुए चलने लगे। उनमें से कुछ वानर उस सेना की रक्षा के लिये उछलते-कूदते चारों ओर चक्कर लगाते थे, कुछ मार्गशोधन के लिये कूदते-फाँदते आगे बढ़ते जाते थे, कुछ वानर मेघों के समान गर्जते, कुछ सिंहों के समान दहाड़ते और कुछ किलकारियाँ भरते हुए दक्षिण दिशा की ओर अग्रसर हो रहे थे। इस प्रकार से लाखों और करोड़ों वानर आगे-आगे श्री रामचन्द्र, लक्ष्मण और सुग्रीव को ले कर जयजयकार करते हुये सागर तट की ओर चल पड़े। 'श्री रामचन्द्र की जय' और 'रावण की क्षय' की घोषणाओं से दसों दिशाएँ गूँजने लगीं। कुछ वानर बारी-बारी से दोनों भाइयों को अपनी पीठ पर चढ़ाये लिये जा रहे थे। उनको अपनी-अपनी पीठ पर चढ़ाने के लिये वे एक दूसरे से प्रतिस्पर्धा करने लगे। उनकी तीव्र गति के कारण समस्त वातावरण धूलि-धूसरित हो रहा था। अम्बर धूमिल हो गया था और आकाश में चमकता हुआ सूर्य भी फीका पड़ गया था। जब वह सेना नदी नालों को पार करती तो उनके प्रवाह भी उसके कारण परिवर्तित हो जाते थे। चारों ओर वानर

ही वानर दिखाई देते थे। वे मार्ग में कहीं विश्राम लेने के लिये भी एक क्षण को नहीं ठहरते थे। उनके मन मस्तिष्क पर केवल रावण छाया हुआ था। वे सोचते थे कि कब लंका पहुँचें और कब राक्षसों का संहार करें। इस प्रकार राक्षसों के संहार की कल्पना में लीन यह विशाल वानर सेना समुद्र तट पर जा पहुँची। अब वे उस क्षण की कल्पना करने लगे जब वे समुद्र पार करके दुष्ट रावण की लंका में प्रवेश करके अपने अद्भुत पराक्रम का प्रदर्शन करेंगे।

सागर के तट पर एक स्वच्छ शिला पर बैठ राम सुग्रीव से बोले, "हे सुग्रीव! हम सागर के तट तक तो पहुँच गये। अब यहाँ मन में फिर वही चिन्ता उत्पन्न हो गई कि इस विशाल सागर को कैसे पार किया जाय। अपनी सेना की छावनी यहीं डाल कर हमें इस समुद्र को पार करने का उपाय सोचना चाहिये। इधर जब तक हम इसका उपाय ढूँढें, तुम अपने गुप्तचरों को सावधान कर दो कि वे शत्रु की गतिविधियों के प्रति सचेष्ट रहें। कोई वानर अपने छावनी से अकारण बाहर भी न जाये क्योंकि इस क्षेत्रमें लंकेश के गुप्तचर अवश्य सक्रिय होंगे।

रामचन्द्र जी के निर्देशानुसार समुद्र तट पर छावनी डाल दी गई। समुद्र की उत्तुंग तरंगें आकाश का चुम्बन कर अपने विराट रूप का प्रदर्शन कर रहा था। सम्पूर्ण वातावरण जलमय प्रतीत होता था। आकाश में चमकने वाला नक्षत्र समुदाय सागर में प्रतिबिंबित होकर समुद्र को ही आकाश का प्रतिरूप बना रहा था। वानर समुदाय समुद्र की छवि को आश्चर्य, कौतुक और आशंका से देख रहा था।

17

विभीषण का निष्कासन

- विभीषण का निष्कासन

दूसरे दिन महान मेघों की गर्जना के समान घरघराहट पैदा करने वाले मणियों से अलंकृत चार घोड़ों से युक्त स्वर्ण-रथ पर आरूढ़ हो रावण अपने सभा भवन की ओर चला। भाँति-भाँति के अस्त्र-शस्त्रों से सुसज्जित राक्षस सैनिक उसके आगे-पीछे उसकी जयजयकार करते हुये चले। मार्ग में लोग शंखों और नगाड़ों के तुमुलनाद से सम्पूर्ण वातावरण को गुँजायमान कर रहे थे। सड़कों पर सहस्रों नागरिक खड़े होकर उसका अभिवादन कर रहे थे जिससे उसका मस्तक गर्व से उन्नत हो रहा था। इस समय वह अपनी वैभव की तुलना देवराज इन्द्र से कर रहा था। सभा भवन में पहुँच कर वह अपने मणिमय स्वर्ण-सिंहासन पर जाकर बैठ गया। उसके सिंहासनासीन होने पर अन्य दरबारियों अवं मन्त्रियों ने भी अपने-अपने आसन ग्रहण किये।

शत्रुविजयी रावण ने उस सम्पूर्ण सभा की ओर दृष्टिपात करके कहा, "सभासदों! मैं दण्डकारण्य से राम की प्रिय रानी जनकदुलारी सीता को हर लाया हूँ। किन्तु वह मेरी शय्या पर आरूढ़ होना नहीं चाहती है। मेरी दृष्टि में तीनों लोकों के भीतर सीता के समान सुन्दरी अन्य कोई स्त्री नहीं है। उसे देखने के बाद मेरा मन मेरे वश में नहीं रह गया है। काम ने मुझे आधीन कर लिया है।"

कामातुर रावण का यह प्रलाप सुनकर कुम्भकर्ण ने क्रोधित होकर कहा, "महाराज! तुमने जो यह छलपूर्वक छिपकर परस्त्री-हरण का कार्य किया है, यह तुम्हारे लिये बहुत अनुचित है। इस पापकर्म को करने से पहले आपको हमसे परामर्श कर लेना चाहिये था। यद्यपि तुमने अनुचित कर्म किया है तथापि तुम्हारे शत्रुओं का संहार करूँगा।"

कुम्भकर्ण के वचन सुनकर रावण को क्रोधित होते देख महापार्श्व ने हाथ जोड़कर कहा, "शत्रुसूदन महाराज! आप तो स्वयं ही ईश्वर हैं! आप विदेहकुमारी सीता के साथ उसकी इच्छा की परवाह न कर रमण कीजिये। आपके जो भी शत्रु आयेंगे, उन्हें हम लोग अपने शस्त्रों के

प्रताप से जीत लेंगे।"

महापार्श्व के ऐसा कहने पर लंकाधिपति रावण ने उसकी प्रशंसा करते हुए कहा, "महापार्श्व! पूर्वकाल में मैंने एक बार आकाश में अग्नि-पुञ्ज के समान प्रकाशित होती हुई पुञ्जिकस्थला नाम की अप्सरा से बलात् सम्भोग किया था। मेरे इस कृत्य से अप्रसन्न होकर मुझे शाप दे दिया था कि आज के बाद यदि किसी दूसरी नारी के साथ बलपूर्वक समागम करेगा तो तेरे मस्तक के सौ टुकड़े हो जायेंगे। उस शाप से भयभीत होने के कारण मैं विदेहकुमारी से बलात् समागम नहीं कर सकता।"

फिर अपने शूरवीर सेनानायकों एवं मन्त्रियों को सम्बोधित करते हुये वह बोला, "हे बुद्धिमान और वीर सभासदों! आज हम लोगों को अपने भावी कार्यक्रम पर विचार करना है। राम सुग्रीव की वानर सेना लेकर समुद्र के उस पार आ पहुँचा है। हमें उसके साथ किस नीति का अनुसरण करना है, इसके विषय में तुम लोग सोच-विचार कर अपनी सम्मति दो क्योंकि तुम सभी बुद्धिमान, नीतिनिपुण और अनुभवी हो।"

रावण की बात सुन कर लगभग सभी राक्षसों ने उत्साहित होकर उसे वानर सेना से युद्ध करने का परामर्श दिया। उनका मत था कि हमारे अपार बल के आगे ये छोटे-छोटे वानर ठहर नहीं सकेंगे। प्रत्येक दशा में विजय हमारी होगी।

अन्य सभी राक्षसों के सम्मति दे चुकने पर विभीषण ने खड़े होकर कहा, "हे तात! सीता का जो अपहरण आपने किया है, वह अत्यन्त अनुचित है। सीता वास्तव में एक विषैली नागिन है जो आपके गले में आकर लिपट गई है। उसके उन्नत उरोज भयंकर फन हैं, उसका चिन्तन मारक विष है और उसकी मुस्कान तीक्ष्ण दाढ़ें। उसकी पाँचों अँगुलियाँ उसके पाँच सिर हैं। यह आपके प्राणों को अपना निशाना बना कर बैठी है। इसलिये मैं आपसे कहता हूँ कि यदि आपने इस नागिन से छुटकारा नहीं पाया तो राम के बाण राक्षसों के सिर काटने में तनिक भी संकोच न करेंगे। इसलिये सबका कल्याण इसी में है कि सीता को तत्काल लौटा कर राम से संधि कर ली जाय।"

विभीषण के वचन सुन कर प्रहस्त ने कहा, "विभीषण! हमने युद्ध में देवताओं, राक्षसों तथा दानवों को पराजित किया है, फिर एक साधारण मानव से भयभीत होने की क्या आवश्याकता है?"

प्रहस्त का प्रश्न सुनकर विभीषण ने उत्तर दिया, "हे मन्त्रिवर! राम कोई साधारण मानव नहीं हैं। उनका वध करना वैसा ही असम्भव है जैसा बिना नौका के सागर को पार करना। मैं उनकी शक्ति को जानता हूँ, हमारी सम्पूर्ण दानवीय शक्ति भी उनके सम्मुख नहीं ठहर सकतीं। राक्षस ही क्या देव, गन्धर्व और किन्नर भी उनसे जीत नहीं सकते।"

फिर विभीषण ने रावण को सम्बोधित करते हुए कहा, "हे राक्षसराज! आप काम के वशीभूत होकर अनुचित कार्य करने जा रहे हैं और ये मन्त्रिगण केवल चाटुकारिता में आपकी हाँ में हाँ मिला रहे हैं। ये आपके हित की सच्ची बात नहीं कह रहे हैं। मैं फिर आपसे कहता हूँ कि सीता को लौटाकर राम से संधि कर लेने में ही आपका, लंका का और सम्पूर्ण राक्षस

समुदाय का कल्याण है।"

विभीषण की बातों से चिढ़ कर मेघनाद बोला, "चाचा जी! आप सदा कायरों की भाँति निरुत्साहित करने वाली बातें किया करते हैं। आपने अपनी कायरता से पुलस्त्य वंश को कलंकित किया है। क्षमा करें, इस कुल में आज तक कोई ऐसा भीरु और निर्वीर्य व्यक्ति ने जन्म नहीं लिया।"

मेघनाद के मुख से ये अपमानजनक शब्द सुनकर भी विभीषण ने अपने ऊपर संयम रखते हुये कहा, "मेघनाद! तुम अभी बालक हो। तुम में दूरदर्शिता का अभाव है। इसीलिये तुम ऐसी बात कर रहे हो। मैं फिर कहता हूँ कि राघव से क्षमा माँग कर सीता को लौटाने में ही हमारा कल्याण है।"

विभीषण को बार-बार सीता को लौटाने की बात करते देख रावण ने क्रुद्ध होकर कहा, "बुद्धिमान लोगों ने ठीक ही कहा है कि चाहे शत्रु के साथ निवास करें, सर्प के साथ रहें, परन्तु शत्रु का हित चाहने वाले मित्र के साथ कदापि न रहें। ऐसे लोग मित्र के वेश में घोर शत्रु होते हैं। विभीषण! तुम हमारे सबसे बड़े शत्रु हो जो राम की सराहना करके हमारा मनोबल गिराने का प्रयत्न करते हो। मैं जानता हूँ कि तुम मुख से मेरे हित की बात करते हो परन्तु हृदय से मेरे ऐश्वर्य, वैभव तथा लोकप्रियता से ईर्ष्या करते हो। यदि तुम मेरे भाई न होते तो सबसे पहले मैं तुम्हारा वध करता। यदि वध न करता तो भी कम से कम तुम्हारी जीभ अवश्य खिंचवा लेता। मेरे सामने से दूर हो जा देशद्रोही! और फिर अपना मुख मुझे कभी मत दिखाना।"

रावण से अपमानित होकर विभीषण उठ खड़ा हुआ और बोला, "मैं समझ गया हूँ, तुम्हारे सिर पर काल मँडरा रहा है। इसलिये तुम मित्र और शत्रु में भेद नहीं कर सकते। मैं जाता हूँ। फिर तुम्हें मुख नहीं दिखाऊँगा।"

इतना कह कर विभीषण वहाँ से चल दिया।

18

सेतु बन्धन

- सेतु बन्धन

वानरसेना के समक्ष विशाल समुद्र लहरें मार रहा था और उसे पार करना एक बहुत बड़ी समस्या थी। राम के क्रोध से भयभीत होकर समुद्र ने स्वयं वहाँ आकर बताया कि सुग्रीव की सेना में नल और नील कुशल शिल्पी हैं। उनके नेतृत्व में समुद्र पर सेतु बाँधना सम्भव हो सकेगा। इतना बताकर समुद्र वापस चले गये।

समुद्र की बात सुनकर वानर नल ने श्री राम से कहा, "प्रभो, मैं विश्वकर्मा का औरस पुत्र हूँ और गुण में उन्हीं के समान हूँ। मैं महासागर पर पुल बाँधने में सर्वथा समर्थ हूँ इसलिये मैं समुद्र पर सेतु का निर्माण करूँगा।

नल-नील असंख्य वानरों को लेकर सेतु निर्माण के कार्य में जुट गये। उनके आदेश के अनुसार वानर सेना बड़े-बड़े वृक्षों को उखाड़ कर समुद्र तट पर एकत्रित करने लगे। देखते-देखते वहाँ साल, अश्वकर्ण, धब, बाँस, कुटज, अर्जुन, कर्णिकार, जामुन, अशोक आदि वृक्षों का एक विशाल गगनचुम्बी ढेर लग गया। इस प्रकार सागर के किनारे वृक्षों तथा शिलाओं के दो विशाल पर्वत बन गये। इसके पश्चात् उन्होंने बड़े-बड़े शिलाखण्डों को समुद्र में नल-नील के निर्देशानुसार डालना आरम्भ किया। उन शिलाखण्डों एवं वृक्षों को शिल्पकला में चतुर नल-नील सेतु का रूप देते जा रहे थे। इस प्रकार उन्होंने अधिक परिश्रम करके पहले ही दिन छप्पन कोस लम्बा पुल बना दिया। दूसरे दिन उन्होंने और भी अधिक फुर्ती दिखाई और चौरासी कोस लम्बा पुल बनाया। फिर अतुल परिश्रम से तीसरे दिन बानबे कोस लम्बा सेतु बनाया। इस प्रकार निरन्तर परिश्रम करके उन्होंने चार सौ कोस लम्बा पुल बना डाला। अब नल-नील के प्रयत्नों से चालीस कोस चौड़ा और चार सौ कोस लम्बा मजबूत पुल बन कर तैयार हो गया।

समुद्र पर सेतु बन जाने के पश्चात् श्री रामचन्द्र जी ने हनुमान की पीठ पर और लक्ष्मण ने अंगद की पीठ पर बैठ कर सेतु पर होते हुये विशाल सागर पार किया। उनके पीछे-पीछे

सम्पूर्ण वानर सेना भी सुग्रीव के नेतृत्व में समुद्र को पार कर लंका में पहुँच गई। इस सेना के लंका में पहुँचते ही राक्षसों में भयानक हलचल मच गई। वे लंका दहन की घटना को स्मरण कर भयभीत होने लगे।

उधर रावण ने शुक और सारण नामक मन्त्रियों को बुला कर उनसे कहा, "हे चतुर मन्त्रियों! अब राम ने वानरों की सहायता से अगाध समुद्र पर सेतु बाँध कर उसे पार कर लिया है और वह लंका के द्वार पर आ पहुँचा है। तुम दोनों वानरों का वेश बना कर राम की सेना में प्रवेश करो और यह पता लगाओ कि शत्रु सेना में कुल कितने वानर हैं, उनके पास अस्त्र-शस्त्र कितने और किस प्रकार के हैं तथा मुख्य-मुख्य वानर नायकों के नाम क्या हैं।"

रावण की आज्ञा पाकर दोनों कूटनीतिज्ञ मायावी राक्षस वानरों का वेश बना कर वानरोंसेना में घुस गये, परन्तु वे विभीषण की तीक्ष्ण दृष्टि से बच न सके। विभीषण ने उन दोनों को पकड़ कर राम के सम्मुख करते हुये कहा, "हे राघव! ये दोनों गुप्तचर रावण के मन्त्री शुक और सारण हैं जो हमारे कटक में गुप्तचरी करते पकड़े गये हैं।"

राम के सामने जाकर दोनों राक्षस थर-थर काँपते हुये बोले, "हे राजन्! हम राक्षसराज रावण के सेवक हैं। उन्हीं की आज्ञा से आपके बल का पता लगाने के लिये आये थे। हम उनकी आज्ञा के दास हैं, इसलिये उनका आदेश पालन करने के लिये विवश हैं। राजभक्ति के कारण हमें ऐसा करना पड़ा है। इसमें हमारा कोई दोष नहीं है।"

उनके ये निश्चल वचन सुन कर रामचन्द्र बोले, "हे मन्त्रियों! हम तुम्हारे सत्य भाषण से बहुत प्रसन्न हैं। तुमने यदि हमारी शक्ति देख ली है, तो जाओ। यदि अभी कुछ और देखना शेष हो तो भली-भाँति देख लो। हम तुम्हें कोई दण्ड नहीं देंगे। आर्य लोग शस्त्रहीन व्यक्ति पर वार नहीं करते। अतएव तुम अपना कार्य पूरा करके निर्भय हो लंका को लौट जाओ। तुम साधारण गुप्तचर नहीं, रावण के मन्त्री हो। इसलिये उससे कहना, जिस बल के भरोसे पर तुमने मेरी सीता का हरण किया है, उस बल का परिचय अपने भाइयों, पुत्रों तथा सेना के साथ हमें रणभूमि में देना। कल सूर्योदय होते ही अन्धकार की भाँति तुम्हारी सेना का विनाश भी आरम्भ हो जायेगा।"

श्री रामचन्द्र जी के वचनों से भयरहित हो उनका जयजयकार करते हुये शुक तथा सारण लंका में पहुँचे और रावण के सम्मुख उपस्थित होकर बोले, "हे स्वामिन्! हमारे वानर सेना में प्रवेश करते ही विभीषण ने हमें पहचान कर राम के सम्मुख उपस्थित कर दिया, परन्तु राम ने हमें निःशस्त्र दूत समझ कर छोड़ दिया। अब रही वानरों के बल की बात, उसका पता लगाना सम्भव नहीं है, क्योंकि उनमें प्रत्येक के मन में आपके विरुद्ध क्रोध तथा घृणा की ज्वाला धधक रही है। उनसे बात करना ही सम्भव नहीं है, किसी बात का पता लगाना तो बहुत कठिन है। राम ने कहलवाया है कि सूर्योदय होते ही वह राक्षस सेना का विनाश आरम्भ कर देगा। अब आप जैसा उचित समझें वैसा करें।"

दोनों मन्त्रियों के ये वचन सुनकर रावण क्रोध से उबलते हुये बोला, "चाहे कुछ भी हो जाय, मैं किसी भी दशा में सीता को वापिस नहीं करूँगा। मुझे विश्वास है, राम अपनी सेना

सहित युद्ध भूमि में मेरे हाथों से अवश्य मारा जायेगा।"

मन्त्रियों के उत्तर से सन्तुष्ट न होकर रावण ने कुछ अन्य गुप्तचरों को छद्म वेश में वानर सेना में भेजा। उन्होंने बड़ी चतुराई से सम्पूर्ण जानकारी प्राप्त करके रावण को बतलाया कि राम ने अपना सैनिक शिविर सुवेल पर्वत पर लगाया है। उनमें जाम्बवन्त नामक ऋक्ष सबसे दुर्धुर्ष एवं तेजस्वी है। उसके अतिरिक्त तीन वानर सबसे अधिक बलवान और पराक्रमी हैं। उनके नाम सुमुख, दुर्मुख तथा वेगदर्शी हैं। नल-नील उस सैनिक टुकड़ी के अध्यक्ष हैं जिसने समुद्र पर सेतु बाँधा है। अंगद अपने पिता वालि से भी अधिक तेजस्वी एवं बलवान है। उसके अतिरिक्त सहस्त्रों अद्भुत शक्तिसम्पन्न पराक्रमी वानर हैं। राम और लक्ष्मण तो जनस्थान को नष्ट करके अपने बल का परिचय आपको दे ही चुके हैं।

19

रावण वध

• रावण वध

उधर रावण रथारूढ़ हो फिर युद्ध करने के लिये लौट आया। राम पृथ्वी पर खड़े होकर रथ में सवार रावण से युद्ध करने लगे तो देवराज इन्द्र ने उनके पास अपना रथ भिजवाकर प्रार्थना की कि वे उस पर सवार होकर युद्ध करें। दोनों ही पराक्रमी वीर रथों पर सवार होकर भीषण युद्ध करने लगे। उनके अद्भुत रण-कौशल को देखकर दिग्गज वीरों भी रोमांचित होने लगे। इधर रावण ने नागास्त्र छोड़ा तो उधर श्रीराम ने गरुड़ास्त्र। रावण ने इन्द्र के रथ की ध्वजा काट डाली और घोड़ों को घायल कर दिया। रावण के बाणों से बार-बार आहत होने के कारण श्रीराम अपने बाणों को प्रत्यंचा पर नहीं चढ़ा पा रहे थे। जब रावण ने उन पर शूल नामक महाभयंकर शक्ति छोड़ी तो राम ने क्रोधपूर्वक इन्द्र द्वारा दी हुई शक्ति छोड़कर उस शूल को नष्ट कर दिया। फिर उन्होंने लगातार बाण वर्षा करके रावण को बुरी तरह घायल कर दिया। रावण की यह दशा देखकर उसका सारथी उसे रणभूमि से बाहर ले गया। अपने सारथी के इस कार्य से रावण को बहुत क्रोध आया और उस फटकार कर उसने रथ को पुनः रणभूमि में ले चलने आज्ञा दी।

श्रीराम के सम्मुख पहुँचकर वह फिर उन पर बाणों की वर्षा करने लगा। दोनों महावीर महारथियों के बीच फिर ऐसा भयंकर युद्ध आरम्भ हुआ कि वानरों और राक्षसों की विशाल सेनाएँ और पराक्रमी वीर अपने हाथों में हथियार होते हुये भी निश्चेष्ट होकर उनका रणकौशल देखने लगे। राक्षसों की दृष्टि रावण के पराक्रम पर अटकी हुई थी तो वानरों की श्रीराम के शौर्य पर। श्रीराम को अपनी विजय पर पूर्ण विश्वास था और परिस्थितियों को देखते हुये रावण समझ गया था कि उसकी मृत्यु निश्चित है। यह सोचकर दोनों रणकेसरी अपनी पूरी शक्ति से युद्ध करने लगे। पहले रामचन्द्र जी ने रावण के रथ की ध्वजा को एक ही बाण से काट गिराया। इससे क्रोधित होकर रावण चारों ओर गदा, चक्र, परिध, मूसल, शूल तथा माया निर्मित शस्त्रों की वर्षा करने लगा। दोनों ओर से भयानक घात-प्रतिघात होने

लगे। युद्ध विषयक प्रवृति और निवृति में दोनों ही रणपण्डित अपना-अपना अद्भुत कौशल दिखाने लगे। सनसनाते बाणों के घटाटोप से सूर्य की प्रभा लुप्त हो गई और वायु की गति भी मन्द पड़ गई। देव, गन्धर्व, किन्नर, यक्ष, सिद्ध, महर्षि सभी चिन्ता में पड़ गये। तभी अवसर पाकर महाबाहु राम ने एक विषधर समान बाण छोड़कर रावण का मस्तक काट डाला, परन्तु उसके स्थान पर रावण का वैसा ही दूसरा नया सिर उत्पन्न हो गया। जब श्रीराम ने उसे भी काट डाला तो वहाँ तीसरा शीश प्रकट हो गया। इस प्रकार बार-बार शीश कटने पर भी उसका अन्त नहीं हो रहा था।

यह दशा देखकर इन्द्र के सारथी मातलि ने कहा, "प्रभो! आप इसे मारने के ब्रह्मास्त्र का प्रयोग कीजिये। अब उसके विनाश का समय आ पहुँचा है। मातलि की बात सुनकर रघुनाथ जी को ब्रह्मा के उस बाण का स्मरण हो आया जो उन्हें अगस्त्य मुनि ने दिया था। उन्होंने रावण की छाती को लक्ष्य करके वह बाण पूरे वेग के साथ छोड़ दिया जिसने रावण के हृदय को विदीर्ण कर दिया। इससे रावण के प्राण पखेरू उड़ गये। रावण को मारकर वह बाण पृथ्वी में समा गया और पुनः स्वच्छ होकर श्रीराम के तरकस में लौट आया। रावण के विनाश और श्रीराम की विजय से समस्त लोकों में हर्ष की लहर दौड़ गई। चारों ओर श्रीराम की जयजयकार होने लगी। वानर सेना में आनन्द का पारावार न रहा। प्रत्येक सैनिक विजय गर्व से फूला न समाता था।

पराजित और मरे हुये भाई को देखकर विभीषण अपने आँसुओं को न रोक सका और वह फूट-फूट कर विलाप करने लगा और कहने लगा, "हे भाई! अहंकार के वशीभूत होकर तुमने मेरी, प्रहस्त, कुम्भकर्ण, इन्द्रजित, नरान्तक आदि किसी की भी बात न मानी। उसी का फल यह सामने आया। तुम्हारे मरने से नीति पर चलने वाले लोगों की मर्यादा टूट गई, धर्म का मूर्तिवान विग्रह चला गया, सूर्य पृथ्वी पर गिर पड़ा, चन्द्रमा अन्धेरे में डूब गया और जलती अग्नि शिखा बुझ गई।"

विभीषण को इस प्रकार विलाप करते देख श्रीराम ने उसे समझाया, "हे विभीषण! तुम्हें इस प्रकार शोक नहीं करना चाहिये। रावण असमर्थ होकर नहीं मरा है। उसने प्रचण्ड पराक्रम का प्रदर्शन किया है। इस प्रकार क्षत्रिय धर्म का पालन करते हुये मरने वालों के लिये शोक नहीं करना चाहिये। युद्ध में सदा विजय ही विजय मिले, ऐसा पहले भी कभी नहीं हुआ है। यह सोचकर उठो और संयत मन से प्रेत कर्म करो। मैं इसमें तुम्हें पूरा सहयोग दूँगा। बैर जीवनकाल तक ही रहता है। मरने के बाद उस बैर का अन्त हो जाता है। इसलिये यह जैसा तुम्हारा स्नेहपात्र है, उसी तरह मेरा भी है।"